열두 살에 부자가 된
# 키라

**EIN HUND NAMENS MONEY**

Text copyright ⓒ 2025 Bodo Schäfer
All rights reserved.
Korean translation copyright ⓒ 2025 by Mirae N Co., Ltd.
Korean translation rights arranged with The Rights Company
through Imprima Korea Agency.
이 책의 한국어판 저작권은 Imprima Korea Agency를 통해
The Rights Company와 독점 계약한 주식회사 미래엔이 소유합니다.
저작권법에 의하여 한국 내에서 보호를 받는 저작물이므로
무단 전재 및 복제를 금합니다.

## 열두 살에 부자가 된 키라 2

글 보도 섀퍼 | 그림 하루치 | 옮김 고영아
찍은날 2025년 7월 10일 초판 1쇄 | 펴낸날 2025년 7월 20일 초판 1쇄
펴낸이 신광수 | 출판사업본부장 강윤구 | 출판개발실장 위귀영
아동인문파트 김희선, 설예지, 이현지 | 출판디자인팀 최진아 | 디자인 진행 Studio Marzan 김성미
출판기획팀 정승재, 김마이, 이아람, 전지현
출판사업팀 이용복, 민현기, 우광일, 김선영, 이강원, 허성배, 정유, 정슬기, 정재욱, 박세화, 김종민, 정영묵
출판지원파트 이형배, 이주연, 이우성, 전효정, 장현우
펴낸곳 (주) 미래엔 | 등록 1950년 11월 1일 제 16-67호 | 주소 서울특별시 서초구 신반포로 321
전화 미래엔 고객센터 1800-8890 | 팩스 541-8249 | 홈페이지 주소 www.mirae-n.com
ISBN 979-11-7347-092-9 74320 | ISBN 979-11-7347-091-2 (세트)

ⓒ 보도 섀퍼, 하루치, 고영아 2025
책값은 뒤표지에 있습니다.
파본은 구입처에서 교환해 드리며, 관련 법령에 따라 환불해 드립니다. 다만, 제품 훼손 시 환불이 불가능합니다.

KC 마크는 이 제품이 공통안전기준에 적합하였음을 의미합니다.
사용 연령: 8세 이상

# 열두 살에 부자가 된
# 키라 ②

보도 섀퍼 지음 | 하루치 그림 | 고영아 옮김

MiraeN 아이세움

**친애하는 한국 독자 여러분!**

『열두 살에 부자가 된 키라』는 내 아이들을 위해 쓴 이야기입니다. 아이들은 이제 다 컸지만 돈을 대하는 현명한 태도는 오늘날까지도 유용하게 써먹을 수 있답니다. 시장 경제를 둘러싼 환경은 달라졌지만 이자와 복리의 원리를 이해하는 일은 지금도 무척 중요합니다. 이자가 아니라도 연 수익률을 따져야 하는 경우가 아주 많고요. 여러분도 알다시피 모든 것이 끊임없이 변한다는 사실이야말로 변치 않는 사실입니다.

여러분이 이 책을 재미있게 읽어 주었으면 좋겠습니다. 그리고 여러분의 마음과 지갑이 풍요로워지기를 진심으로 바랍니다.

감사의 마음을 담아

보도 섀퍼

## 차례

1. 뜻밖의 모험 **9**

2. 오래된 지하실 **31**

3. 부모님을 설득한 키라 **49**

4. 여행에서 돌아온 트룸프 할머니 **67**

5. 크나큰 위기 **91**

6. 돈의 마법사들 **107**

7. 두려움을 이겨 낸 키라 **133**

8. 투자 클럽의 투자 **147**

9. 오르락내리락 주식 **171**

10. 계속 이어지는 모험 **195**

# 1. 뜻밖의 모험

오늘은 시작부터 아주 엉망이었다.

나쁜 꿈 때문에 잠을 설쳐 피곤한 데다가 날씨도 안 좋았다. 화장실을 쓰려고 했는데 오늘따라 늦잠을 잔 아빠가 사용 중이었다. 기다리는 동안 성공 일기를 쓰려고 했지만 늘 두던 자리에 공책이 없었다. 나는 머니를 째려보았다. 머니는 전혀 눈치채지 못한 척 천연덕스럽게 굴었다.

'흥! 못된 장난꾸러기야! 숨긴 거 다 알아. 어서 내놔!'

머니는 장난을 치고 싶은지 복도 구석으로 달려가 공책을 물고 오더니 가져가 보라는 듯 빤히 바라보았다.

나는 공책을 뺏으려고 했다.

하지만 머니는 빠르게 도망쳤다. 쫓아가 머니를 확 덮치려는 순간 머니가 나를 피했고 나는 아빠가 절반쯤 완성한 성냥개비 배 모형 위로 꽈당 소리를 내며 넘어지고 말았다. 요란한 소리에 놀란 부모님이 달려오셨다. 아빠가 부서진 배를 보더니 버럭 화를 내셨다.

"넉 달 동안이나 공들였는데, 망가뜨리다니!"

비참한 기분이었다. 간밤에 꾼 꿈이 떠올랐다. 나쁜 꿈을 꾸더니 아침부터 재수가 없었다. 그뿐이 아니었다. 스쿨버스를 놓치는 바람에 학교에도 지각했다.

점심을 먹고 나폴레옹을 데리러 갔다. 하넨캄프 할머니와 할아버지에게 평소보다 늦게 돌아와도 되는지 여쭤보았다. 다행히 괜찮다고 하셨다. 오후 세 시에 마르셀 오빠가 함께 은행을 가기 위해 집으로 오기로 했다. 그동안 개들을 돌봐 달라고 모니카에게 부탁했다.

은행에 가기 전 오빠와 함께 비앙카를 데리러 트룸프 할머니 댁으로 갔다. 할머니는 비앙카를 돌볼 때 주의할 점을 자세하게 설명해야 하니 집으로 들어오라고 하셨다. 내가 할머니와 얘기를 나누는 동안 거실을 둘러보던 마르셀 오빠가 휘파람을 불었다.

"주식 투자를 하시네요."

오빠가 전문가처럼 말했다.

할머니는 놀란 얼굴로 오빠를 보셨다.

"주식에 대해 아니?"

"아니요. 아빠가 주식 투자를 하세요. 그래서 저도 가끔 귀동냥으로 주워들었어요. 아빠 말로는 주식 투자만

큼 돈을 많이 벌 수 있는 건 없대요. 하지만 제가 보기엔 엄청 복잡하고 시간도 많이 필요한 일 같아요."

오빠가 대답했다.

"네 말마따나 쉬운 일은 아니야. 하루에 적어도 한두 시간을 투자해야 하니까. 그 일을 좋아해야만 할 수 있지. 하지만 다른 사람에게 주식 투자를 맡기는 방법도 있단다. 그럼 아이들도 쉽게 투자할 수 있지."

할머니의 얼굴에 의미심장한 미소가 떠올랐다.

마르셀 오빠가 호기심에 눈을 반짝였다.

"어떻게 하는 건데요?"

"아이고, 어쩌지……. 알려 주고 싶은데 지금은 어렵겠구나. 설명하려면 시간이 좀 걸리는데 곧 공항으로 출발해야 하거든. 여행에서 돌아오면 꼭 얘기해 주마."

"저도 듣고 싶어요."

나는 얼른 끼어들었다.

할머니는 무언가 마음에 걸리는 듯 망설이다가 나를

보며 물어보셨다.

"키라야, 내가 집을 비우는 동안 두세 번 정도 화초에 물을 줄 수 있겠니?"

나는 흔쾌히 그러겠다고 대답했다. 할머니에게 잘 다녀오시라고 인사한 뒤 비앙카를 데리고 집으로 왔다.

모니카에게 개들을 맡기고 은행에 갔다. 내 통장이 생긴다는 생각에 가슴이 두근거렸다. 할머니랑 할아버지가 가끔 돈을 넣어 주시는 통장이 하나 있기는 했다. 하지만 내가 직접 관리하는 내 통장은 처음이었다.

은행에 들어가는 순간 어른이 된 것 같았다. 은행 안은 북적였고 차례를 기다리는 사람이 많았다. 재빨리 줄이 제일 짧은 곳으로 가려고 하는데 마르셀 오빠가 나를 말렸다.

"잠깐 기다려. 너와 맞는 사람을 만나는 게 중요해."

"그게 누군지 어떻게 아는데?"

나는 어리둥절해서 물었다.

마르셀 오빠가 웃으면서 말했다.

"너랑 말이 가장 잘 통할 것 같은 사람을 찾으면 돼. 잘 둘러봐. 딱 보기에도 호감이 가는 사람이 있을 거야."

나는 줄지어 서 있는 사람들 옆을 지나 창구에 있는 은행 직원들을 살폈다. 대부분 별로 친절해 보이지 않았다. 심지어 어떤 직원은 고객에게 마구 재촉하듯 말했다. 내가 그 고객이라면 아주 겁먹었을 것이다. 마침내 엄마와 나이가 비슷해 보이는 친절한 인상의 직원이 눈에 들어왔다. 한눈에 마음에 들었다.

그 직원을 가리키면서 오빠에게 말했다.

"그런데 줄이 길어서 한참 기다려야 해."

"아무것도 안 하면서 기다리는 건 세상에서 제일 멍청한 짓이야. 우리 순서가 될 때까지 뭐 하지?"

기다리는 동안 오빠에게 내가 돈을 어떻게 나누어 관리하기로 했는지 얘기했다. 황금 알을 낳는 거위 이야기도 했다.

"우아, 내가 생각했던 것보다 훨씬 더 좋은걸. 돈을 버는 대로 다 써 버리면 절대로 거위를 가질 수 없어. 거위가 없으면 계속 돈을 벌어야 하고. 하지만 거위가 있으면 돈이 나를 위해 일하게 되는 거잖아."

"정말 맞는 말이야. 골트슈테른 아저씨는 분명히 그렇게 하고 계실걸. 돈이 아저씨를 위해서 일하고 있을 거야. 생각해 봐. 아저씨는 사고가 난 이후에 일을 하지 못했는데도 불편 없이 지내시잖아. 아빠는 늘 두 달만 수입이 없으면 우리 집은 완전히 끝이라고 하시는데……. 우리 집을 팔아야 한다고 말이야."

"그래. 그 아저씨는 통통한 거위가 있으니 여유 있게 지내시겠지. 하지만 이모부는 거위는커녕 작은 참새도 없잖아."

오빠가 킥킥 웃었다.

어느새 우리 차례가 되었다. 직원이 우리에게 무엇을 하러 왔는지 상냥하게 물었다.

"거위 통장을 만들려고요."

내 대답에 직원은 어리둥절한 얼굴로 되물었다.

"무슨 통장이라고?"

마르셀 오빠가 요란하게 웃었다. 한 대 쥐어박고 싶었다. 하지만 곧 나도 오빠를 따라 웃고 말았다. 어느 정도 진정이 되고 나서 우리는 일단 자기소개를 했다.

직원의 이름은 하이넨이었다. 하이넨 아주머니에게 '거위 통장'을 만들고 싶은 까닭을 설명했다. 황금 알을 낳는 거위 이야기를 다시 해야 했다. 여러 번 했더니 이제는 입에서 술술 나왔다.

하이넨 아주머니는 깊은 감명을 받은 눈치였다.

"아이들에게 돈을 관리하는 방법을 알려 주는 이야기 가운데 네가 해 준 이야기가 최고로구나."

아주머니가 잠시 생각하더니 말을 이어 가셨다.

"어른들에게도 유익한 이야기네. 내가 힘닿는 데까지 도와주마."

아주머니는 통장 만드는 방법을 쉽고 자세히 설명해 주셨다. 그리 어렵지 않았다. 미리 준비한 몇 가지 서류를 내는 것만으로 충분했다. 하이넨 아주머니는 나와 부모님 서명이 되어 있는 서류에 몇 가지를 적더니 신분증을 보여 달라고 하셨다. 굳이 마르셀 오빠랑 같이 올 필요도 없었다. 그래도 오빠가 옆에 있으니 든든했다.

주머니에서 3만 원을 꺼내 통장에 입금하면서 속으로 마법의 주문을 외웠다.

'꼬마 거위야, 어서 어서 자라렴.'

통장을 만드는 건 정말 재미있었다. 나는 하이넨 아주머니와 헤어져 집으로 돌아오면서 친절한 분을 만나 다행이라고 생각했다.

'은행에 갈 때마다 아주머니를 볼 수 있어서 좋아.'

우리는 집에 빨리 도착하기 위해 거의 뛰다시피 했다. 동물을 돌본 경험이 적은 모니카가 큰 개 세 마리를 데리고 쩔쩔매고 있지 않을까 걱정되었다. 모니카도 작은 푸들 빌리를 키우지만 덩치가 큰 개를 다루는 건 버거울 수도 있다. 하지만 괜한 걱정이었다. 모니카는 돌아온 우리를 반갑게 맞이했다. 아무 문제도 없었던 모양이다. 우리는 개들을 데리고 숲으로 가서 시간 가는 줄 모르고 실컷 놀았다.

집으로 돌아가려고 할 때쯤엔 이미 어둑어둑했다. 나는 잠깐 트롬프 할머니 댁에 들르자고 말했다. 할머니가 집 뒤편에 두신다고 한 비앙카의 사료를 가져와야 했다. 셋이 나눠 들면 훨씬 쉽게 들고 올 수 있을 것이다.

트룸프 할머니 댁은 우리 집에서 좀 떨어진 곳에 있었는데 숲에서 가까웠다. 마당에는 몇 년 동안 가지치기하지 않은 나무와 덤불이 제멋대로 자라고 있었다. 우리는 빙 둘러서 집 뒤쪽으로 갔다. 덤불이 우거져 있어서 몸을 숙인 채 덤불 사이를 엉금엉금 기어가야만 했다.

그사이에 날이 완전히 저물어 깜깜해졌다. 머니와 나폴레옹과 비앙카가 있는데도 어쩐지 으스스했다. 빌리는 당연히 전혀 도움이 안 되었다. 빌리는 잔뜩 겁먹은 채로 비앙카 곁에 달라붙어 있었다.

우리는 말을 멈추었다. 모니카조차 입을 꼭 다물었다. 평소에 모니카가 얼마나 수다쟁이인지 생각하면 분위기가 어땠는지 짐작이 갈 것이다. 불현듯 등골이 오싹한 이유를 알 것 같았다. 주위는 깜깜했고 무섭도록 고요했다. 우리는 숨도 크게 쉬지 못할 만큼 긴장했다.

살금살금 기어가는데 가끔씩 나뭇가지가 발에 밟혀 부러지는 소리가 났다. 마침내 집 뒤편 베란다에 도착

했다. 비앙카의 사료가 놓여 있었다. 그런데 뭔가 이상했다. 우리는 겁먹은 눈으로 주위를 둘러보았다. 갑자기 개들이 나지막하게 으르렁거리기 시작했다. 비앙카가 베란다 문으로 달려갔다. 문이 살짝 열려 있었다. 비앙카는 머리로 문을 밀더니 컹컹 짖으며 안으로 달려 들어갔다. 비앙카의 짖는 소리가 점점 작아지다가 마침내 아주 먼 곳에서 나는 것처럼 희미하게만 들렸다. 그리고 곧 아무 소리도 들리지 않았다.

잠시 기다려 보았지만 비앙카는 돌아오지 않았다. 낮은 목소리로 비앙카를 불러 보아도 대답이 없었다. 우리는 그 자리에 얼어붙은 듯 꼼짝하지 못했다. 나는 조심스럽게 주위를 둘러보았다. 얼굴이 하얗게 질린 모니카가 불안한 표정으로 빌리를 꼭 껴안고 있었다.

마르셀 오빠가 제일 먼저 정신을 차렸다. 오빠는 나에게 머니와 나폴레옹을 꽉 잡고 있으라고 신호를 보냈다. 나는 두 녀석의 목줄을 단단히 움켜쥐었다. 문득 나폴레옹을 제대로 훈련시켜서 다행이라는 생각이 들었다.

오빠가 천천히 베란다 문을 향해 다가갔다. 그리고 살그머니 안으로 사라졌다. 잠시 뒤 불을 켰는지 불빛이 환하게 새어 나왔다.

우리는 오빠가 집 안을 둘러보고 오기를 기다렸다. 잠깐이었지만 아주 긴 시간처럼 느껴졌다. 오빠가 돌아와 들어오라고 손짓하며 속삭였다.

"아무도 없는 것 같아."

나는 머니와 나폴레옹을 데리고 집 안으로 들어갔다.

"나는 절대로 안 들어갈 거야."

모니카가 말했다.

"좋아. 그럼 거기서 기다려."

오빠가 대꾸했다.

하지만 혼자 베란다에 남아 있는 건 더 무서웠던 모양인지 모니카는 마지못해 따라 들어왔다.

여전히 어수선한 거실은 예전처럼 편안하게 느껴지

지 않고 뭔가 뒤숭숭했다.

"도둑이 들었나 봐."

오빠가 목소리를 낮춰 말했다.

"여기는 원래 좀 어질러져 있긴 해."

나도 작게 대꾸했다.

오빠가 고개를 저었다.

"잘 봐. 강제로 문을 연 거야."

오빠 말이 맞았다. 문빗장이 망가진 채 바닥에 떨어져 있었다.

나는 그제야 왜 어질러진 모습에 불안함을 느꼈는지 알아차렸다. 벽에 걸려 있던 액자가 바닥에 떨어져 있었고 가구도 제자리에 있지 않았다. 마치 첩보 영화에서 스파이가 기밀문서를 찾으려고 난장판으로 만든 장면 같았다.

어젯밤 꿈이 생각났다. 각별히 조심하겠다고 마음먹었는데 도둑이 든 집에 와 있다니! 말짱 헛일이었다.

'혹시 도둑이 어딘가에 숨어 있으면 어쩌지?'

그때 갑자기 삐거덕하고 낡은 나무 바닥을 밟는 발자국 소리가 들렸다. 무서워서 가슴이 쿵쾅거렸다. 손끝 하나 까딱할 수 없었다. 발소리가 점점 가까워졌다. 마르셀 오빠가 급히 주변을 둘러보더니 소파 옆에 있는 망원경을 집어 들었다.

끼익 거실 문이 열렸다. 우리는 화들짝 놀랐다. 모니카가 날카로운 비명을 질렀다. 그 순간 열린 문틈 사이로 비앙카가 나타났다. 비앙카가 우리보다 먼저 집 안으로 들어갔다는 걸 까맣게 잊고 있었다.

모두 안도의 한숨을 내쉬었다. 머니와 나폴레옹은 반갑다는 듯 꼬리를 흔들었다.

이번에도 마르셀 오빠가 사태를 빠르게 파악했다.

"누군가 여기에 몰래 들어왔었다면 우리가 오는 걸 보고 도망쳤을 거야. 그렇지 않다면 개들이 이렇게 조용할 리가 없어."

나는 머니를 쳐다보았다. 전혀 흥분한 것처럼 보이지 않았다. 머니를 끌어안자 금방 마음이 가라앉았다. 겁쟁이 빌리도 어느새 모니카 품에서 빠져나와 구석에 코를 대고 쿵쿵거리고 있었다.

## 2. 오래된 지하실

　용기를 되찾은 우리는 집 안을 샅샅이 조사하기로 했다. 모니카는 경찰부터 부르자고 했지만 그 전에 모험을 해 보고 싶었다. 우리는 조심스럽게 집 안에 있는 방을 하나하나 살펴보았다. 다른 방도 거실과 다름없이 어수선했지만 특별히 눈에 띄는 점은 없었다.
　"비앙카가 집 안으로 사라졌을 때 짖는 소리가 아주 희미하게 들렸던 것 기억나?"
　오빠가 물었다.

"틀림없이 어딘가 지하실이 있을 거야."

모니카가 흠칫했다.

"어쩌면 지하 감옥 같은 게 있을지도 몰라."

엉뚱한 말에 웃기는 했지만 사실 나도 살짝 겁이 났다. 우리는 지하실 입구를 찾아 집 안을 한 바퀴 더 둘러보았다. 그러다 계단 아래쪽에서 마치 옷장 문처럼 생긴 지하실 문을 발견했다.

우리는 살짝 열려 있는 문을 조심스럽게 열고 안을 들여다보았다. 아래로 향하는 가파른 계단이 있었다. 불을 켜기 위해 벽을 더듬어 보았지만 스위치를 찾지 못했다.

"거실에 양초가 있었던 것 같아."

내 말에 오빠가 고개를 끄덕였다.

나는 얼른 거실로 가서 초를 가져왔다. 모니카는 초에 불을 붙이면서 오빠랑 나를 말렸다.

"진짜 저 아래로 내려갈 거야? 난 싫어!"

오빠가 결정을 내렸다.

"알았어. 그럼 넌 여기서 빌리랑 나폴레옹과 함께 기다려. 나랑 키라는 비앙카와 머니를 데리고 지하실을 탐색하고 올게."

사실 나도 모니카 옆에 남아 있고 싶은 마음이 굴뚝같았다. 하지만 한편으로는 아래에 뭐가 있는지 너무 궁금했다. 게다가 이제 막 나를 인정해 주기 시작한 마르셀 오빠에게 겁쟁이로 보이고 싶지 않았다. 그래서 오빠를 따라 계단을 내려갔다. 지하실은 아주 오래전에 지어진 것이 틀림없었다. 촛불에 일렁거리는 돌계단 그림자가 으스스하게 보였다.

계단 아래에 이르자 커다란 방이 나타났다. 방 한쪽에는 갖가지 통조림과 유리병이 잔뜩 쌓인 선반이 여러 개 있었고 다른 한쪽에는 온갖 잡동사니가 가득했다. 천장이 낮아서 마르셀 오빠는 머리를 숙여야 했다. 우리는 주의 깊게 사방을 둘러보았다. 하지만 이상한 건 눈에 띄지 않았다.

"별것도 없잖아."

나는 오빠에게 속삭였다.

하지만 오빠는 말없이 선반 뒤에 있는 작은 문을 가리켰다. 대단한 눈썰미였다! 나 혼자였다면 결코 발견하지 못했을 것이다. 우리는 유리병이 바닥에 떨어지지 않도록 아주 조심스럽게 선반을 옆으로 밀었다. 작은 문이 모습을 드러냈다.

손잡이를 돌려 문을 열려고 했지만 단단히 잠겨서 꿈쩍하지 않았다. 오빠는 무척 실망한 얼굴로 툴툴거렸다.

"어떻게 들어가지? 안에 뭐가 있는지 궁금한데……."

"어쩌면 보물을 감춰 두셨을지도 몰라."

나는 상상의 나래를 펼쳤다.

"그래. 보물섬처럼 황금으로 꽉 차 있을 거야."

오빠가 놀리듯 말했다.

그때 비앙카가 주둥이로 나를 툭툭 쳤다. 무언가를 물고 있었다. 자세히 보니 열쇠였다. 비앙카는 꼬리를 흔들면서 열쇠를 바닥에 떨어뜨렸다.

"참 영리하구나."

비앙카를 칭찬해 주고 오빠에게 말했다.

"비앙카가 종종 할머니한테 열쇠를 가져다드렸나 봐."

물론 비앙카가 어디서 열쇠를 가져왔는지는 알 수 없었다.

오빠가 열쇠를 돌려 천천히 문을 열었다. 들고 있던 초로 사방을 비추어 보았다. 처음 들어갔던 방보다 작은 방이었는데 오래된 나무 상자 하나만 있을 뿐 텅 비어 있었다. 우리는 상자를 향해 다가갔다. 나무 상자 가장자리에 쇠가 빙 둘러 박혀 있었고 뚜껑 앞쪽에 자물쇠가 달려 있었다. 오빠가 자물쇠를 살펴보더니 픽 웃으며 말했다.

"이건 나도 열 수 있겠는걸."

나는 할머니 물건에 함부로 손대도 괜찮을지 걱정되었다. 하지만 말릴 새도 없이 오빠는 주머니에서 갈고리 모양으로 된 철사를 꺼내더니 자물쇠 구멍에 넣고 이리저리 돌렸다. 나도 호기심에 바라만 보았다. 드디어 찰칵 소리를 내며 자물쇠가 열렸다.

"빵 배달 서비스는 무슨! 도둑이 진짜 직업이라고 해도 믿겠네."

나는 킥킥대며 오빠를 놀렸다.

"난 뭐든 잘한다니까."

으스대던 오빠가 뚜껑을 열고 상자 안을 보더니 휘파람을 불었다.

"이런, 이런! 도둑이 뭘 찾고 있었는지 이제 알겠네."

나도 상자 안을 들여다보았다. 두텁게 쌓인 서류와 함께 5만 원짜리 지폐 한 묶음 그리고 가지런하게 포개진 골드바가 보였다. 특히 골드바가 눈길을 사로잡았다. 정말 순금이라는 게 실감이 나지 않았다.

마르셀 오빠 말이 맞았다. 도둑은 상자 안에 든 것을 노린 게 틀림없었다.

"이제 어쩌지?"

나는 걱정스럽게 물었다.

"그냥 두고 갔다가 도둑이 다시 오면 어떡해?"

오빠가 잠시 생각하더니 말했다.

"네 말이 맞아. 이제 정말로 경찰에 알려야겠다. 그럼 경찰이 보물을 안전하게 보관할 거야. 혹시 모르니까 먼저 여기 있는 걸 정확하게 기록해야겠어."

우리는 상자 안에 있는 것을 하나하나 세어서 기록했다. 완성된 목록을 보자 뿌듯했다. 목록에 적힌 것은 5만 원짜리 지폐 200장, 골드바 25개, 금화 78개, 갖가지 증서 163장, 편지와 통장 거래 내역이 담긴 서류함 그리고 보석 16개, 금 목걸이 1개, 금반지 7개가 든 주머니였다.

마르셀 오빠가 만족스러운 표정으로 목록을 적은 종이를 주머니에 집어넣었다.

"트럼프 할머니는 진짜 부자구나!"

오빠도 맞장구쳤다.

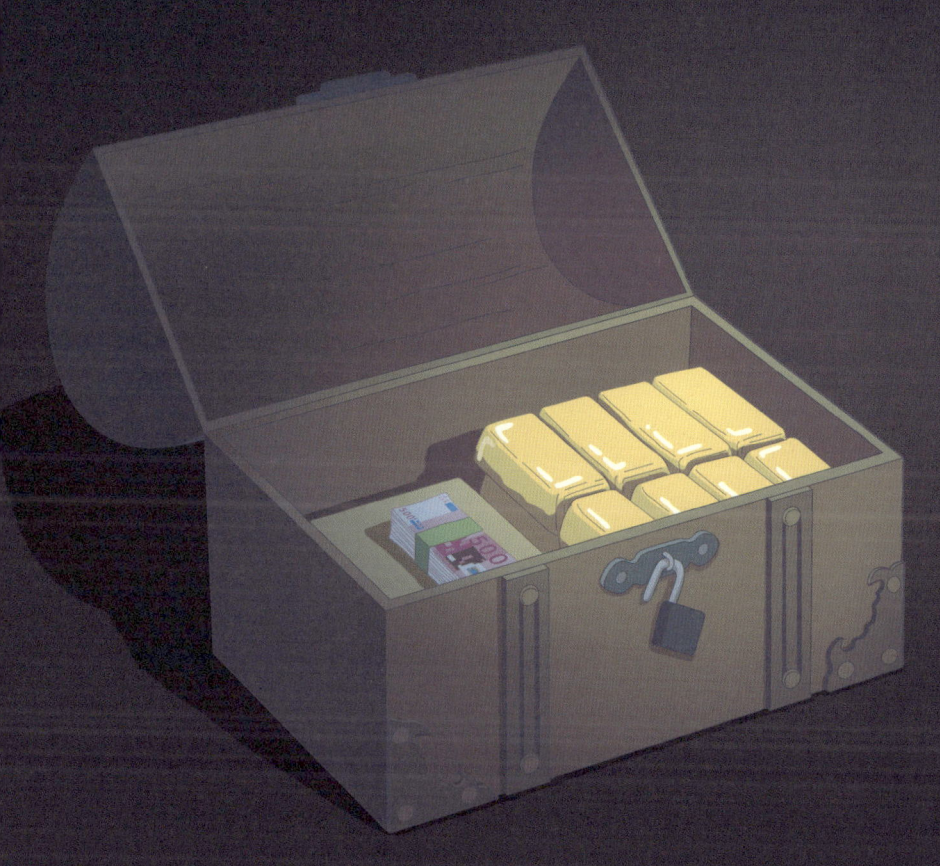

"이 보물이 다 우리 거라면 얼마나 좋을까?"

할머니가 돈이 많다고 듣긴 했지만 눈으로 직접 보니 새삼 놀라웠다.

"이 많은 재산을 왜 지하실에 보관하시는 걸까?"

나는 의아했다.

"부자들은 이렇게 하는 경우가 많아."

오빠가 알려 주었다.

"트럼프 할머니는 분명 이것보다 훨씬 더 많은 돈을 다른 곳에 투자하셨을걸. 여기 있는 건 아마 비상시를 대비해서 집에 두신 걸 거야."

"비상금치고는 너무 많잖아."

나는 오빠 의견에 동의하지 않았다.

"어쨌든 이렇게 많은 돈을 만지작거리다 보면 시간 가는 줄 모르겠다. 기억나? 디즈니 만화 도널드 덕에 나오는 돈 많은 구두쇠 삼촌의 취미가 돈 속에서 헤엄치는 거였잖아."

나도 어렸을 때 본 적이 있었다. 그 장면을 보면서 엄마가 늘 돈을 만지고 나면 반드시 손을 씻어야 한다고 강조하셨던 게 생각났다.

"부자들은 돈이 더럽다고 생각하지 않나 봐."

내가 혼잣말처럼 중얼거리자 오빠가 동의했다.

"할머니는 가끔 상자 안을 들여다보시면서 엄청 즐거워하실걸. 나 같으면 그럴 거야."

할머니가 지하실에서 골드바와 돈을 만지며 즐거워하실 모습을 상상하자 웃음을 참을 수 없었다. 나라도 보석과 골드바를 반짝반짝하게 닦는 일이 재미있을 것이다. 그때 갑자기 머니가 짖기 시작했다. 비앙카도 바로 따라 짖었다. 두 녀석은 문 쪽을 향해 코를 쿵쿵거리며 점점 더 큰 소리로 짖어댔다. 마르셀 오빠가 외쳤다.

"모니카니? 이리 와 봐. 도둑이 뭘 찾고 있었는지 알았어."

머니와 비앙카가 짖기를 멈추더니 으르렁거렸다. 오빠가 얼굴을 찡그렸다.

"무슨 일이지? 개들이 모니카에게 으르렁거리진 않을 텐데……."

바로 그 순간 우리는 소스라치게 놀랐다. 남자 목소리가 들렸기 때문이다. 머니가 털을 빳빳하게 곤두세웠다.

"머니야, 조용히 해."

나는 낮은 목소리로 타일렀다. 하지만 머니는 도무지 진정할 기미를 보이지 않고 계속 으르렁댔다. 점점 소리가 가까워졌다. 도망칠 수도 없었다.

잠시 후 환한 손전등 불빛이 방 안을 이리저리 비췄다. 불빛이 내 눈을 정면으로 비추는 바람에 눈이 부셔 나는 비명을 지르고 말았다.

"이런, 이런! 대체 누굴까?"

굵은 남자 목소리가 들렸다.

"아저씨가 알 바 아니죠."

마르셀 오빠가 반항적으로 대꾸했다. 불빛이 너무 환해서 아무것도 알아볼 수 없었다. 그때 다른 목소리가 들렸다. 더 굵직하고 거친 목소리였다.

"뭔가 찾았어? 그럼 일이 좀 편해지겠는걸."

불빛이 상자를 비췄다. 손전등을 든 아저씨가 놀라서 탄성을 질렀다.

"베른트, 여기 좀 와 봐! 그 여자애 말이 맞았어. 정말로 여기에 보물이 있었군."

"손대지 마세요! 할머니 거예요!"

나는 화가 나서 소리쳤다.

"어허, 꼬마 아가씨. 뭔가 오해하고 있는 것 같은데, 우리는 나쁜 사람이 아니야."

먼저 들어온 아저씨가 웃으면서 말했다. 상자를 비추던 손전등 불빛이 뒤따라 들어온 아저씨를 비췄다. 경찰이었다!

상황을 파악한 마르셀 오빠는 금세 침착해졌다. 나는 어처구니없어 웃음을 터뜨렸다. 그런 뒤에 안도의 한숨을 내쉬며 바닥에 털썩 주저앉았다. 얼마나 긴장하고 있었는지 그제야 실감이 났다.

"너희 친구가 아빠한테 전화해서 경찰서에 신고가 들어왔단다."

설명을 듣자 어떻게 된 일인지 알 수 있었다.

"모니카는 어디 있어요?"

마르셀 오빠가 물었다.

"위에서 아빠랑 기다리고 있지."

경찰이 지하실 계단 위쪽에 서 있는 또 다른 동료에게 소리쳤다.

"아이들을 찾았습니다. 둘 다 무사합니다!"

우리는 다 같이 위로 올라갔다. 열 명쯤 되는 경찰들이 거실에 와 있었다. 모니카 아빠도 보였다. 모니카는 겁에 질린 표정으로 아빠 옆에 착 달라붙어 있었다.

모니카는 우리가 돌아오지 않자 지하실로 내려가는 계단 입구에서 우리를 불렀는데 대답이 없었다고 했다.

그래서 우리에게 무슨 일이 생겼다고 여겨 아빠에게 전화를 걸었던 것이다.

모니카 아빠가 엄한 표정으로 우리를 보셨다.

"너희 둘 다 도대체 무슨 생각으로 그런 경솔한 짓을 했니? 즉시 경찰에 알렸어야지!"

할 말이 없었다. 우리가 시간 가는 줄 모르고 보물을 세는 동안 모니카가 얼마나 속을 태웠을지 생각하니 정말 미안했다.

고장 난 문을 수리할 사람이 오고 경찰들은 상자를 안전한 장소로 옮기기 위해 조심스럽게 들고 나왔다. 아직 할 일이 남아 있었다. 우리는 경찰이 묻는 여러 질문에 대답해야 했다. 경찰은 우리가 나타나는 바람에 도둑이 도망쳤을 거라며 우리를 칭찬했다.

마르셀 오빠와 나는 서로를 마주 보았다. 도둑을 몰아냈다고 생각하니 자랑스러웠다. 경찰은 경찰차로 우리를 집까지 태워다 주었다. 엄마는 걱정이 가득한 얼굴로 창가에서 서성이다가 내가 머니와 비앙카를 데리고 경찰차에서 내리는 것을 보고 무척 놀라셨다.

다행히 경찰이 엄마에게 사정을 잘 설명해 주었다. 경찰이 마르셀 오빠와 나폴레옹을 데려다주러 떠나자 엄마는 얼른 이모와 하넨캄프 할아버지에게 전화하셨다. 집 앞에 갑자기 경찰차가 나타나면 깜짝 놀랄까 봐 미리 알린 것이다.

나는 너무 흥분해서 잠이 오지 않았다. 그래서 부모님에게 트룸프 할머니 댁에서 있었던 일을 하나도 빠짐없이 얘기했다. 부모님도 모니카 아빠처럼 경찰에 먼저 신고하지 않은 것은 잘못이라고 나무라셨다.

## 3. 부모님을 설득한 키라

다음 날 학교에 가니 간밤에 있었던 일로 떠들썩했다. 모니카가 우리 모험담을 퍼뜨린 바람에 온통 우리 얘기뿐이었다. 아이들은 우리를 부러워했다. 몇몇 아이는 이렇게 말하기도 했다.

"그렇게 대단한 모험을 하다니, 정말 운이 좋구나."

정말 운 때문일까?

소원 저금통을 만들지 않았더라면 일어나지 않았을 일이라는 건 확실하다. 소원 저금통 덕분에 돈을 벌 생각을 했고 하넨캄프 할아버지를 알게 되었다. 할아버지의 소개로 트룸프 할머니네 비앙카를 맡다 보니 지난밤의 모험도 겪었다. 단지 운 때문이 아니었다. 오히려 어른들 말대로 행운은 거저 주어지는 것이 아니라 준비와 노력의 결과라는 생각이 들었다.

모니카와 나는 학교에서 유명 인사가 되었다. 심지어 지역 신문사에서 우리를 촬영해 갔고 우리가 얼마나 용감했는지 상세하게 다룬 기사가 신문에 실렸다. 마르셀 오빠 사진은 실리지 못해서 아쉬웠다. 기사를 읽은 부모님은 아주 기뻐하면서 온 동네에 자랑하셨다.

어느 날 아침 나는 성공 일기를 쓰면서 트룸프 할머니 댁에서 겪은 일을 다시 떠올렸다. 그 일은 정말 대단한 모험이었다. 스스로 자랑스러웠다. 그보다 더 중요한 것은 내 일상이 모험 그 자체가 되었다는 사실이다. 정말 즐거웠다.

돈에 관심을 갖고 배우면서 많은 것이 달라졌다. 예

전과 다른 방식으로 사람들을 알게 되었다. 심지어 어른들과 흥미로운 대화를 나누기도 했다. 학교에서 배울 수 없는 것을 많이 배웠다. 실생활에서 사용할 수 있는 지식이라서 더 흥미로웠다. 역사 시간에 왕의 업적에 대해 배우는 것보다 교환 학생 프로그램에 참여할 돈을 버는 방법을 배우는 것이 훨씬 재미있었다. 관심사가 달라지니 오히려 몇몇 과목은 예전보다 더 열심히 공부하게 되었다. 특히 조만간 교환 학생 프로그램에서 실제로 쓸 영어 공부는 아주 재미있었다.

예전에는 무관심했던 문제에 대해서도 많이 생각하게 되었다. 무엇보다도 더할 나위 없이 행복했다. 꼭 돈 때문만은 아니었다. 더 이상 일상이 무의미하게 흘러가지 않았다. 내가 할 수 있는 것이 얼마나 많은지 확실하게 알았기 때문이다. 특히 성공 일기를 쓰면서 많은 걸 깨달았다. 이제는 성공 일기에 해낸 일만 쓰지 않고 그 일을 해낸 과정도 종종 적는다. 그러면서 내가 의외로 꽤 용감하다는 걸 알게 되었다. 그래서 어떤 일을 시작하기 전에 겁이 나도 이겨낼 수 있었다. 하넨캄프 할아버지가 언젠가 이런 말을 하셨다.

"용감한 사람은 두려움을 모르는 사람이 아니란다. 두려움을 느끼면서도 앞으로 나아가는 사람이지."

나는 무엇이든 견딜 각오가 되었다. 다만 그 일이 재미있어야 했다. 부모님은 늘 내가 게으르다고 잔소리하셨는데 이제 그럴 일이 없다. 요즘은 많은 일을 하느라 아주 부지런해졌다. 매일 세 마리 개에게 먹이를 주고 빗질을 해 주었으며 산책과 훈련을 시켰다. 결코 쉬운 일이 아니었지만 나는 그 일이 좋았다.

처음으로 내가 최선을 다하고 있다는 확신이 들었다. 아마도 그 확신 때문에 내가 달라졌을 것이다. 예전에 나는 이렇게 말하곤 했다.

"마음먹고 공부하면 얼마든지 성적을 올릴 수 있어."

그건 열심히 하지 않는 자신을 감추는 핑계에 지나지

않았다. 최선을 다하는 지금은 더 이상 그런 핑계를 대지 않는다. 그러자 내가 무엇을 할 수 있는지 알게 되었다.

전에는 결코 하지 못했던 일을 지금은 할 수 있다. 돈을 버는 일도 마찬가지다. 돈을 벌면서 내가 그 일을 할 수 있다는 걸 비로소 알았다.

시간이 눈 깜짝할 사이에 지나갔다. 세 마리 개와 즐거운 시간을 보냈고 마르셀 오빠, 하넨캄프 할아버지와 할머니 그리고 골트슈테른 아저씨와 흥미로운 대화를 많이 나누었다. 궁금했던 것을 물을 때마다 놀라운 사실을 새롭게 배웠다.

골트슈테른 아저씨가 300만 원짜리 수표를 주셨다. 생각했던 것보다 훨씬 많은 돈이었다. 게다가 머니를 돌보는 건 내가 가장 좋아하는 일인데 대가를 받는다는 게 여전히 불편했다. 하지만 아저씨는 이렇게 말씀하셨다.

"키우는 개를 잃어버렸다고 생각해 보렴. 너처럼 개를 사랑하는 누군가가 돌봐 주기를 바랄 거다. 너는 대가를 받지 않고 그 일을 했기 때문에 더 훌륭하지."

나는 아저씨 말을 인정할 수밖에 없었다. 나만큼 머니를 사랑하는 사람은 없을 것이다.

수표를 들고 은행으로 가서 통장에 입금한 뒤 내가 정한 원칙에 따라 돈을 나누었다. 절반에 해당하는 150만 원은 거위 통장에 그대로 두고 나머지 절반은 현금으로 찾았다. 그 가운데 120만 원을 소원 저금통 두 개에 나누어 넣었다. 60만 원씩 교환 학생 저금통과 노트북 저금통에 넣는 순간, 표현할 수 없을 정도로 가슴이 벅찼다. 그렇게 하고도 용돈으로 쓸 수 있는 돈이 30만 원이나 남았다. 엄마에게 자랑하고 싶었지만 꾹 참았다. 나중에 깜짝 놀라게 해 드릴 작정이었다.

나폴레옹을 돌보는 대가로 받는 돈도 똑같은 방식으로 나누었다. 하루에 2000원에다가 새로운 것을 훈련할 때마다 만 원씩 받으니 모은 돈이 적지 않았다.

가끔은 모니카에게 내 일을 대신 해 달라고 부탁하기

도 했다. 그 대신 내가 받은 돈의 절반을 주었다. 처음에는 돈을 절반만 주는 것이 좀 부당한 것 같았다. 나는 아무것도 하지 않고 모니카가 내 일을 전부 대신해 주었는데 돈을 나누어 갖는 게 잘못된 것처럼 느껴졌다.

하지만 마르셀 오빠가 중요한 사실을 지적했다.

"일을 하고 버는 돈 중 실제로 한 일의 대가는 기껏해야 절반이야. 나머지 절반은 그 일을 찾아낸 아이디어와 그걸 실행에 옮긴 용기의 대가라고."

나는 모니카에게 돈을 반씩 나누는 까닭을 설명했다. 그리고 돈을 더 벌고 싶으면 돌볼 개를 직접 알아보라고 권했다. 하지만 모니카는 가끔 내 일을 대신 하는 것으로 충분하다고 했다.

"모르는 사람한테 혹시 개 산책시킬 사람이 필요하냐고 물어볼 엄두가 도저히 나질 않아. 게다가 난 용돈을 10만 원이나 받고 있는걸."

나중에 엄마가 되면 아이에게 절대로 용돈을 많이 주지 않겠다고 결심했다. 대신에 성공 일기를 쓰고 스스로 돈을 벌도록 가르쳐야겠다. 이르면 이를수록 좋다.

마음에 걸리는 일이 한 가지 있었다. 머니와 이야기할 기회가 점점 줄었다. 할 일이 너무 많았고 마르셀 오빠와 하넨캄프 할아버지, 할머니와 할 얘기도 많았다.

또 골트슈테른 아저씨를 만나서 함께 보내는 시간도 점점 길어졌다. 그러다 보니 머니와 은신처에 가는 일이 아주 뜸해졌다. 물론 머니를 데리고 산책하거나 같이 뛰어노는 적은 많았다. 하지만 대화를 하진 않았다. 머니에게 물어보고 싶었던 것은 골트슈테른 아저씨나 다른 사람들이 대답해 주었다.

머니는 대화를 하지 않아도 아무렇지 않아 보였다. 오히려 더 좋아하는 것 같았다. 평범한 개로 지내는 것이 마음에 드는 모양이었다. 나폴레옹과 비앙카와 함께 있을 때면 어찌나 신나게 뛰어노는지 특별한 점이라곤 전혀 없어 보였다. 그런 머니를 보면서 평범하게 지내는 게 더 좋을지 모른다며 애써 마음을 달랬다.

하루는 부모님과 식탁에 앉아 있는데 분위기가 정말 안 좋았다. 두 분 모두 한마디도 하지 않고 굳은 얼굴로 접시만 내려다보고 계셨다. 부모님은 다투고 나면 항상 그러셨다. 나는 부모님의 빚 문제를 다시 얘기해 볼 생각이었다. 그래서 전에 머니가 알려 준 '빚이 있는 사람이 해야 할 일 네 가지'를 미리 외워 두었다. 하지만 분위기를 보니 다음에 얘기해야 할 것 같았다.

아빠가 침묵을 깼다.

"키라야, 네 통장 거래 내역서를 봤단다."

아빠가 내 얼굴을 살피며 의미심장하게 말하셨다.

"돈이 아주 많더라."

"골트슈테른 아저씨가 머니를 돌봐 주어서 고맙다고 주신 돈이에요."

나는 아빠에게 설명했다.

"그것 봐요. 그럴 만한 까닭이 있을 거라고 했잖아요."

엄마는 안심하는 표정이셨다.

"통장에서 150만 원을 찾았던데 어디에 썼니?"

아빠가 물으셨다.

나는 기분이 나빠졌다. 부끄러운 일을 한 것도 아닌데 부모님이 날 의심하는 것 같았다. 무척 억울했다.

나는 마음을 가라앉히고 돈을 어떻게 벌었는지 얘기했다. 수입을 어떻게 나누는지도 설명했다. 50퍼센트는 거위 통장에, 40퍼센트는 소원 저금통에 저금하고 나머지 10퍼센트만 용돈으로 쓴다고 말했다. 황금 알을 낳는 거위 이야기를 또 해야 했다. 그러지 않았다면 부모님이 내 말을 이해하시지 못했을 것이다.

아빠가 놀란 얼굴로 나를 바라보셨다. 한편으로는 안심하신 눈치였다. 엄마는 흐뭇하게 웃으셨다.

"역시 날 닮아서 똑똑해."

아빠가 한숨을 쉬셨다.

"내 수입도 그렇게 나눠서 관리할 수 있다면 참 좋을 텐데……."

"왜 못 하시는데요?"

"통장에 돈이 들어오기가 무섭게 다 빠져나가니 그렇지. 집 사느라 은행에 진 빚도 갚아야 하고, 식비나 전기세 같은 생활비를 신용 카드로 결제했으니 카드 할부금도 내야 해."

"다 쓰고 남는 돈으로 하시면 되잖아요. 남은 돈이 설령 수입의 10퍼센트밖에 안 되더라도 그 돈을 나누면 돼요."

나는 아주 적은 돈이라도 가능할 거라고 믿었다.

"아무것도 남는 게 없어. 단돈 100원도 저축할 수 없다고."

아빠가 투덜거리셨다.

"수입의 50퍼센트를 은행 대출금 갚는 데 쓰는걸."

"가능한 한 매달 갚을 돈이 적은 게 좋대요."

나는 어떻게든 아빠를 설득하려고 했다.

"네가 은행 대출에 대해서 뭘 안다고 그러니?"

못마땅한 듯 아빠의 목소리가 커졌다.

엄마가 재빨리 내 편을 드셨다.

"어쨌든 키라는 벌써 돈 버는 방법을 알고 있잖아요."

"그거야 운이 좋았겠지."

아빠는 조금도 누그러지는 기색이 없었다.

아빠가 마침 운이라는 말을 꺼내자 나는 얼른 그 말을 받아쳤다.

"행운은 거저 주어지는 것이 아니라 준비와 노력의 결과래요."

아빠는 생각이 많은 얼굴로 나를 가만히 바라보셨다. 내 말이 아빠 마음속의 무언가를 건드린 모양이었다.

사실 아빠는 좋은 분이시다. 단지 상황이 나빠지면 주변을 탓하며 다른 사람들을 원망하곤 하신다. 늘 자신은 피해자이고 남들은 운이 좋았을 뿐이라고 여기셨다.

하지만 내 말에 아빠의 마음이 조금 열렸다.

"거래처 사장이 언젠가 행운에 대해서 말한 적이 있었어. 뭐였더라……. 아, 그래. '어리석은 사람에게는 행운이 한 번만 오고 현명한 사람에게는 자주 온다.' 그 말을 들었을 때는 행운과 현명함이 무슨 상관인지 몰랐는데, 지금 네 말을 듣고 보니 이해가 되는구나. 행운이 준비와 노력의 결과라는 말은 내가 열심히 준비하고 노력하면 행운도 많이 따른다는 말이겠지."

아빠 말이 끝나자 엄마는 내게 물으셨다.

"그럼 넌 행운을 얻기 위해서 무엇을 준비하고 노력하고 있니?"

나는 아침마다 성공 일기를 쓰고 있다고 말씀드렸다. 골트슈테른 아저씨의 회사에서 일하는 직원들은 모두 그렇게 하고 있다는 말도 덧붙였다.

"그게 왜 필요한데?"

아빠는 성공 일기의 의미를 이해하지 못하셨다.

"돈을 얼마나 많이 버느냐는 자신감에 달려 있대요. 자신감은 할 수 있는 것과 할 수 없는 것 중 어디에 집중하는지와 관계가 있고요. 제가 성공 일기를 쓰지 않았더라면 돈을 벌 방법을 적극적으로 찾아볼 생각도 못 했을 거예요."

아빠가 진지하게 고개를 끄덕이셨다. 아빠도 어쩌면

이제부터 몰래 성공 일기를 쓰시지 않을까 하는 생각이 들었다. 물론 내가 물어봤다면 순순히 인정하시지는 않았을 것이다.

이번에는 아빠가 내 말을 귀담아들어 주실 것 같아서 얼른 마음에 담아 두었던 얘기를 꺼냈다.

"아빠, 재정 문제에 대해서 골트슈테른 아저씨랑 한번 의논해 보시는 게 어때요?"

"그분이 내 재정 문제에 관심이 있겠니?"

"제가 말씀드린 적이 있어요. 우리가 머니를 잘 보살펴 주어서 정말 고맙다고 하셨어요. 뭔가 도움을 줄 수 있다면 무척 기뻐하실 거예요."

"하지만 돈 얘기를 하는 건 실례야."

엄마가 반대하셨다. 엄마는 어렸을 때 배운 대로 늘 그렇게 말씀하셨다. 나는 물러서지 않았다.

"엄마랑 아빠가 얼마나 자주 돈 얘기를 하는지 생각해 보셨어요? 항상 급한 불을 끌 방법만 고민하셨죠. 근

본적인 해결책을 찾는 게 분명 더 나을 거예요."

부모님이 의미심장한 눈빛을 주고받았다. 얼마 전까지만 해도 내가 이런 식으로 말대꾸 하면 크게 혼내셨을 것이다.

하지만 이제 부모님은 나를 인정하시기 시작했다. 더 이상 내 말을 가볍게 여기시지 않았다. 제대로 대접받기 위해서라도 돈을 벌고 잘 관리하는 것이 얼마나 중요한지 알 것 같았다.

골트슈테른 아저씨를 만나겠다는 말은 아빠보다 엄마가 먼저 하셨다. 아직 아저씨를 본 적이 없어서 무척 궁금하셨던 것 같다. 나는 아저씨에게 전화를 걸어 약속을 잡았다.

나는 마음속으로 환호성을 질렀다. 아저씨라면 분명 부모님을 도와주실 수 있다는 확신이 있었다. 아니, 정확하게 말하자면 아저씨는 부모님이 스스로 문제를 해결할 방법을 알려 주실 것이다.

# 4. 여행에서 돌아온 트룸프 할머니

트룸프 할머니가 여행을 마치고 집으로 돌아오시는 날이 되었다. 나는 도착 시간에 맞춰 할머니 댁에서 기다렸다. 그동안 일어난 일을 알려 드릴 생각이었다. 경찰 두 명도 할머니가 작성해야 할 서류를 들고 와 있었다.

할머니는 집에 도둑이 들었다는 소식을 비교적 담담하게 들으셨다.

"멍청하군. 돈이 필요하면 주식 투자를 하지. 도둑질보다 훨씬 돈이 될 텐데."

할머니는 정말 대단한 분이셨다.

경찰들은 할머니에게 나랑 마르셀 오빠랑 모니카가 얼마나 용감했는지 거듭 강조했다. 신문에 실린 기사도 보여 드렸다. 그리고 지하실 상자에 들어 있던 보물 목록을 내밀었다. 보물은 모두 경찰서 금고에 안전하게 보관되어 있었다.

트룸프 할머니는 기특하다는 표정으로 나를 보면서 고맙다고 말씀하셨다. 경찰들이 떠나고 드디어 할머니와 단둘이 얘기할 기회가 왔다.

"왜 그렇게 많은 돈이랑 금을 집에 보관하셨어요? 누가 훔쳐 갈지도 모르잖아요."

나는 가장 궁금한 것부터 물었다.

"몇 가지 이유가 있지."

할머니가 미소를 지으며 대답하셨다.

"가끔 그걸 보면서 시간을 보내고 싶을 때가 있단다. 이게 첫 번째 이유지. 금이랑 현금을 좋아하거든."

조심스럽게 할머니를 살피면서 속으로 생각했다.

'금과 돈을 좋아한다는 걸 이렇게 대놓고 말씀하시다니……'

문득 마르셀 오빠랑 내가 상자에 든 것을 하나씩 세면서 얼마나 감탄했는지 떠올랐다. 할머니도 우리처럼 기쁘셨을 것이다. 게다가 전부 할머니 것이니 당연히 훨씬 더 행복하셨을 것이다.

할머니가 이어 말씀하셨다.

"두 번째 이유는 비상시에 쓰기 위해서란다. 무슨 일이 생기든 몇 년 동안 먹고살 만큼 갖고 있는 셈이지."

"비상금치고 엄청 많은걸요."

나는 웃었다.

"그건 가진 돈이 얼마나 많은지에 따라 다르지. 현금으로 보관하는 금액은 가진 돈의 5퍼센트에서 10퍼센트 사이가 적당하단다."

절로 감탄이 나왔다. 할머니는 정말로 돈이 많으셨다.

"세 번째 이유도 있단다. 나는 재산을 대부분 주식과 펀드에 투자했어. 주가가 떨어졌을 때 돈이 필요해서 어쩔 수 없이 주식을 팔면 적지 않게 손해를 보겠지? 그래서 필요할 때 쓸 수 있도록 현금을 갖고 있어야 한단다. 나중에 자세히 설명해 주마."

할머니는 긴 여행에서 돌아와 정리할 것이 많을 텐데도 서두르시지 않았다. 나와 대화를 나누고 싶으신 눈치였다.

"하지만 하마터면 도둑이 훔쳐 갈 뻔했잖아요."

"도둑맞았더라면 무척 속상했겠지. 하지만 물건을 훔친 도둑도 별로 즐겁지 않았을 거란다."

할머니가 확신하셨다.

"보물을 몽땅 손에 넣었을 텐데, 왜요?"

"음……. 설명하기 어렵구나. 이렇게 말하면 이해가 될까? 준비된 사람만 돈을 지킬 수 있는 법이란다. 불법적인 방법으로 돈을 얻으면 돈이 없을 때보다 오히려 더 쉽게 불행해지지."

"이해할 수 없어요. 그럼 도둑들은 왜 그런 위험을 무릅쓰는 거죠?"

나는 어리둥절했다. 할머니는 잠시 고민하셨다.

"돈만 있으면 상황이 나아질 거라고 생각하기 때문이지. 돈으로 행복을 살 수 있다고 믿는 거란다."

"저희 부모님도 그렇게 생각하시는걸요. 돈 때문에 걱정할 일만 없다면 아주 행복할 거라고 믿으세요."

"많은 사람들이 그렇게 잘못 판단하고 있단다. 행복하고 보람차게 살고 싶다면 자기 자신부터 변화해야 해. 돈이 우리를 행복하거나 불행하게 만드는 게 아니란다. 그 자체로는 좋은 것도 나쁜 것도 아니지. 돈은 사람에 따라 좋은 목적으로 쓰이기도, 나쁜 목적으로 쓰이기도 하니까 말이다. 행복한 사람은 돈이 생기면 더 행복해지겠지. 하지만 매사에 부정적인 사람은 돈이 많아질수록 근심 걱정도 늘어난단다."

"엄마는 늘 돈이 사람의 성격을 나쁘게 만든다고 하세요."

나는 할머니 말씀에 쉽게 동의할 수 없었다.

"그게 아니라 돈이 성격을 드러나게 하는 거란다. 돈보기 같은 거지. 돈이 생기면 그 사람이 어떤 사람인지 더 잘 알 수 있어. 좋은 사람이라면 돈으로 좋은 일을 많이 할 테고 도둑처럼 어리석은 사람이라면 돈을 다 허비하겠지."

할머니가 하신 말씀을 잠시 곱씹어 보았다. 돈에 대해 배우면서 내 삶이 달라졌다. 부모님, 마르셀 오빠, 골트슈테른 아저씨, 하이넨 아주머니, 하넨캄프 할머니와 할아버지까지 모두 나를 인정해 주었다. 나 또한 나 자신을 존중하게 되었다. 사람들과 유익한 대화를 나누게 되었고 생각도 더 깊어졌다. 전보다 더 행복하고 자존감도 높아졌다.

할머니는 마치 내 생각을 읽은 듯 말씀하셨다.

"돈은 우리에게 힘이 된단다. 삶의 수준을 높여 주지. 삶의 대부분이 사실 돈의 힘으로 움직이는 셈이야. 돈이 있으면 목표나 꿈을 더 쉽게 이룰 수 있단다. 물론 그 목표가 좋은 것일 수도 있고, 그렇지 않을 수도 있지."

이루고 싶은 좋은 목표가 생겨서 내가 전보다 더 행복하다는 생각이 들었다. 그제야 왜 머니가 처음부터 목표를 확실하게 정하는 것이 좋다고 말했는지 깨달았다. 그리고 돈 때문에 내 성격이 나빠지지 않을 거라고 확신했다.

내 발 아래 엎드려 잠을 청하고 있는 머니를 내려다보았다. 새삼 고마웠다.

할머니가 도둑맞을 뻔했던 돈 얘기를 다시 꺼내셨다.

"상자에 들어 있던 건 내가 가진 현금 중 일부야. 훨씬 더 많은 현금이 은행에 안전하게 보관되어 있지. 도둑맞았다고 해도 큰 문제는 없었을 거란다."

할머니는 무슨 생각이 떠올랐는지 갑자기 빙그레 웃

으셨다.

"너희한테 사례를 하고 싶은데, 앞으로 너희 삶에 도움이 되는 방법이면 좋겠구나. 생각해 봤는데 함께 투자 클럽을 만들면 어떨까? 네 친구와 사촌 오빠도 같이 말이다."

"무얼 만든다고요?"

"우리가 함께 투자를 하자는 말이란다. 각자 매달 돈을 내서 공동 자금을 모아 투자하는 거지."

마음에 쏙 드는 제안이었다.

"거위가 황금 알을 낳을 수 있는 방법을 알려 주신다는 말씀이네요."

신이 나서 큰 소리로 외쳤다.

이번에는 할머니가 어리둥절한 표정을 지으셨다. 그래서 황금 알을 낳는 거위 이야기를 해 드렸다. 할머니는 무척 감탄하셨다.

"내가 하는 일에 꼭 들어맞는 이야기구나. 나는 그 이치를 깨닫기까지 꽤 오래 걸렸는데, 너는 이렇게 어릴 때부터 돈을 다루는 올바른 방법을 알고 있다니! 그게 얼마나 행운인지 모를 거다."

자랑스러운 기분이 들었다. 나는 잠결에 꼬리를 흔드는 머니를 보며 행복한 미소를 지었다. 할머니에게 칭찬 받은 일을 성공 일기에 적어야겠다고 생각했다.

요즘은 내가 잘한 일을 잘 찾아낸다. 예전에는 안될 이유가 먼저 떠올랐는데 이제는 내가 할 수 있는 일에 집중한다. 그리고 못하는 이유를 찾는 대신에 방법을 찾으려 노력한다.

투자 클럽에 대해서 더 알고 싶었다. 하지만 할머니는 우리 셋이 다 모였을 때 설명하는 것이 낫겠다고 하셨다. 그래서 마르셀 오빠랑 모니카에게 연락해 투자 클럽을 만들 날짜를 정하기로 했다.

헤어지기 전 할머니는 나에게 7만 원을 주셨다. 하루에 5000원씩 이 주 동안 비앙카를 돌본 대가였다. 받은 돈의 절반을 거위 통장에 넣기 위해 머니를 데리고 은행에 갔다.

은행에 들어가자 하이넨 아주머니가 반겨 주셨다. 아주머니는 우리 이야기가 실린 신문 기사를 보셨다며 축

하해 주셨다.

"훌륭한 일을 했더구나. 마침 휴식 시간이라 커피를 한 잔 마시려던 참인데, 같이 가서 레모네이드 마실래?"

나는 기쁜 마음으로 아주머니를 따라갔다.

"통장 잔액이 아주 많이 늘었더라. 꾸준히 저축하는 걸 보고 정말 감탄했어. 물론 어른만큼 많이 벌지는 못하지만 너만큼 꾸준히 저축하는 사람은 별로 없단다."

아주머니가 칭찬하셨다.

나는 기분이 좋아서 얼굴이 빨개졌다. 아주머니가 물어보셨다.

"그런데 거위 통장에 저금하는 돈 말고 나머지는 어디에 쓰니?"

"나머지의 20퍼센트는 용돈으로 쓰고, 80퍼센트는 소원 두 개를 이루기 위해서 절반씩 나누어 저금해요. 교환 학생으로 미국에 가는 것과 노트북을 갖는 것이 소원이거든요."

하이넨 아주머니는 무척 기특하다는 눈빛으로 나를 바라보셨다.

"짐작했던 것보다 더 현명하게 돈 관리를 하는구나. 잠깐 전화 좀 하고 올 테니 기다려 주렴."

몇 분이 지나고 아주머니가 활짝 웃으며 돌아오셨다.

"키라야, 다른 아이들도 너처럼 돈 관리하는 방법을 배우면 좋을 것 같아. 그래야 나중에 편안하고 멋진 인생을 누릴 수 있을 테니까. 그래서 많은 아이들에게 네 방법을 소개할 기회가 없을까 생각해 봤어. 내가 우리 아이들이 다니는 학교에서 학부모 대표를 맡고 있거든. 마침 며칠 후에 학생과 학부모가 모두 참여하는 큰 행사가 열린단다. 거기에서 네가 돈을 어떻게 관리하는지 얘기해 주면 좋을 것 같구나. 교장 선생님에게 전화로 여쭤봤더니 흔쾌히 수락하셨어."

나는 얼떨떨한 눈으로 아주머니를 쳐다보았다.

"사람들 앞에서 발표해 줄 수 있겠니?"

아주머니가 웃으며 덧붙이셨다.

자리를 가득 메운 사람들 앞에서 말한다고 상상하니 얼굴이 화끈거렸다. 귀까지 빨갛게 달아오르고 뱃속이 뒤틀리는 것 같았다.

"절대로 못 해요! 완전히 얼어 버릴 게 뻔해요."

나는 딱 잘라 거절했다.

아주머니는 그저 웃기만 하셨다.

"게다가 무슨 얘기를 해야 할지도 모르겠는걸요."

하지만 아주머니는 포기할 생각이 없으신 것 같았다. 잠깐 창밖을 보며 생각하더니 차분하게 나를 다시 설득하셨다.

"은행에서 일하다 보면 사람들이 돈을 어떻게 관리하는지 알게 된단다. 돈 문제로 하소연하는 사람도 많지. 돈을 제대로 관리할 줄 몰라서 곤경에 처한 사람들이 얼마나 많은지 몰라. 물론 돈이 인생에서 가장 중요하지 않을 수도 있어. 하지만 형편이 어려워지면 돈이 매우 중요해진단다. 삶에 심각한 영향을 줄 만큼 말이다. 돈이 없어서 병을 치료하지 못하거나 인간관계를 망치기도 해. 자신이 쓸모없는 존재라는 생각이 들어 비참해지기도 하지. 하지만 돈을 지혜롭게 쓰는 방법을 알려 주는 사람은 아무도 없어. 사실 학교에서 가르쳐야 하는데 말이다."

아주머니가 한숨을 쉬셨다.

"그러니 좋은 방법을 혼자만 알고 있지 말고 다른 아이들에게도 알려 주렴."

아주머니의 말이 납득되었다. 돈에 대해서 잘 알게 된 이후로 삶이 훨씬 활기차고 행복해졌다는 것을 나도 느끼고 있었다. 하지만 사람들 앞에서 발표할 엄두가 나지 않았다.

"한마디도 하지 못 할 거예요."

나는 자신 없는 목소리로 말했다.

"그럼 이렇게 하면 어떻겠니? 나랑 같이 무대에 올라가는 거야. 내가 질문하면 네가 대답을 하는 거지. 경험했던 대로만 말하면 된단다. 말문이 막히면 내가 얼른 도와주마."

나는 여전히 자신이 없었다.

"아주머니가 직접 하시면 어때요? 은행에서 일하시니까 저보다 잘 아시잖아요."

"네가 말하는 게 더 효과가 클 거야. 내가 하면 은행 직원이 하는 뻔한 얘기라고 생각하겠지. 하지만 네가 한 일은 다른 아이들도 충분히 할 수 있는 일이잖니. 그러니 아이들이 쉽게 공감할 수 있을 거야."

"정말 자신이 없는걸요. 제대로 얘기도 하지 못 하고 버벅거리기만 할 거예요."

"그래도 한번 고민해 보면 고맙겠구나. 하기 싫은 일을 억지로 시킬 수는 없으니까. 그걸 결정할 수 있는 사람은 너뿐이야."

은행을 나선 뒤에도 아주머니 말씀이 내내 귓가에 맴돌았다. 특히 아주머니가 마지막에 하신 말씀이 무척 신경 쓰였다.

'결정할 사람이 나뿐이라고? 내가 왜 하고 싶지 않은 일을 굳이 해야 하지?'

나폴레옹을 데리러 가는 내내 머릿속이 복잡했다. 할아버지 댁에 도착해 보니 나폴레옹 앞발에 염증이 생겨서 산책할 수 없었다. 대신 할아버지가 케이크를 먹고 가라고 권하셨다. 온 집 안에 할머니가 구운 맛있는 케이크 냄새가 가득했다. 케이크를 세 조각이나 먹는 동안 나는 여느 때와 달리 말을 별로 하지 않았다.

할아버지는 내가 유달리 조용한 것을 눈치채고 무슨 일이 있는지 물으셨다. 나는 하이넨 아주머니가 발표를 부탁하셨는데 어떻게 해야 할지 모르겠다고 털어놨다.

"나라면 꼭 하겠구나."

할아버지가 단호하게 말씀하셨다.

"할아버지는 항상 재미있는 일만 하셨다면서요."

"물론 그랬지. 나는 사진 찍는 일을 아주 좋아했단다. 그래서 십삼 년 동안이나 전 세계를 돌아다니며 사진을 찍었지. 아주 행복한 시간이었어. 돈은 별로 못 벌었지만 말이다. 그러다가 시험 삼아 사진관을 차렸는데 꽤 성공했어. 그 후에 그걸 팔고 카리브해에 있는 작은 호텔을 하나 샀단다. 다시 유럽으로 돌아와서 부동산을 시작했는데 그 일도 잘됐지. 하지만 돈을 투자하는 일은 번번이 실패했어. 대신 아내가 투자에 관심도 많고 감각도 있단다."

할아버지가 그렇게 다양한 경험을 하셨다는 게 놀라웠다. 얼마나 흥미로운 인생이었을까!

"정말 할아버지는 항상 하고 싶은 일만 하셨네요."

"그래. 하고 싶은 일을 했지. 하지만 난들 왜 겁나지 않았겠니? 하던 걸 포기하고 무작정 떠나는 게 쉽지 않았어. 두려워서 배가 아플 지경이었단다. 사진관을 차릴 때도 그랬고 부동산 사업을 시작할 때도 마찬가지였지."

할아버지는 내 마음을 꿰뚫어 보는 듯한 눈빛으로 덧붙이셨다.

"내 인생에서 가장 좋은 것들은 두려움을 이겨 낸 덕분에 얻은 거란다."

뜻밖의 말이 믿어지지 않아 할아버지를 쳐다보았다. 하고 싶은 일만 하면 아주 쉽고 편할 거라고 생각했기 때문이다.

"내 아내를 보렴. 아내는 젊었을 때부터 아주 미인이었지. 그런데 나는 잘생겼다는 말을 한 번도 들어 본 적이 없단다. 아내를 처음 본 건 기차 안이었는데 보자마자 한눈에 반했어. 당장 뭐라도 하지 않으면 다시 볼 수 없을 것 같았지. 우리는 서로 마주 보고 앉아 있었어. 열차 칸에는 사람들이 꽉 차 있었단다. 살면서 가장 끔찍하고 두려웠던 순간이 바로 그때야. 사람들이 다 지켜보는 곳에서 아내에게 말을 건 그 순간 말이다. 다음 역에서 내려야 하니 시간은 없고 거절당할까 봐 너무 두려웠지. 사람들 앞에서 거절당하면 창피해서 어쩌나 싶더라. 하지만 결국 두려움을 극복하고 아내에게 말을 걸었단다. 그 결과를 보렴. 내 인생에서 가장 소중한 걸 얻었지."

할아버지는 할머니 손을 다정하게 쓰다듬으셨다.

할머니도 한마디 거드셨다.

"우리에게 가장 귀한 선물을 줄 수 있는 사람은 우리 자신이야. 창피를 당할 두려움을 이기는 사람은 이 세상에서 못할 일이 없단다."

맞는 말이었다. 그래도 두려움은 사라지지 않았다. 많은 사람 앞에 나서서 말을 해야 한다는 생각만으로도 가슴이 울렁거렸다.

할아버지가 눈을 반짝이며 말씀하셨다.

"키라야, 전혀 긴장할 필요가 없는 상황이라고 상상해 보렴. 그럼 네 얘기를 하는 것이 즐거울 것 같니?"

최근에 황금 알을 낳는 거위 이야기를 여러 번 했던 것이 생각났다. 매번 무척 즐거웠다.

"한두 명에게 말할 때는 정말 즐거워요."

"그것 보렴. 사람들에게 얘기하는 건 네가 재미있게 할 수 있는 일이란다. 할 수 있는 일이니 당연히 해야지. 두 명에게 이야기할 수 있는 사람은 이백 명에게도 이야기할 수 있어. 재미있게 할 수 있는 일인데 두려워서 못 한다면 아쉽지 않겠니? 두려움을 극복해야만 성장할 수 있단다."

트럼프 할머니 댁 지하실에 내려가기 전에 얼마나 겁났는지 그리고 나중에 얼마나 자랑스러웠는지 떠올랐다. 그래도 발표에 대한 두려움은 쉽사리 가시지 않았다.

"인생에는 어려운 일이 많네요."

나는 한숨을 쉬었다.

"멋진 일도 많지!"

할머니가 미소를 지으며 할아버지 손을 잡으셨다. 두 분은 아주 행복하신 것 같았다. 본받을 점이 참 많은 분들이다.

## 5. 크나큰 위기

집에 돌아와 현관문을 열자마자 뭔가 안 좋은 일이 생겼다는 것을 바로 알아차렸다.

아빠는 잔뜩 흥분한 얼굴로 거실을 서성거리셨고 엄마는 식탁에 앉아 고개를 숙인 채 울고 계셨다. 머니는 마당 덤불에 숨어 있다가 나를 보자마자 달려오더니 내 뒤를 따라 집 안으로 들어왔다.

나는 조심스럽게 무슨 일인지 물었다. 엄마는 대답하지 않고 더 크게 우셨다. 아빠가 겨우 흥분을 가라앉히고 아주 심각한 얼굴로 말씀하셨다.

"이 집을 살 때 빌린 돈을 매달 조금씩 은행에 갚아야 하는데 몇 달째 못 냈단다. 은행에서 기한까지 밀린 금액을 모두 내지 못하면 빌린 돈을 한꺼번에 갚아야 한다는구나."

"그렇게 못하면 어떻게 되는데요?"

"이 집을 뺏기겠지……."

아빠 눈에 눈물이 어렸다. 금방이라도 울음이 터질 것 같았다.

"그럼 다시 작은 집에서 살아야 해. 창피해서 어떻게 얼굴을 들고 다니지……."

엄마가 울먹이며 말씀하셨다.

"평생 빚을 갚느라 허덕일 테지."

회색빛 미래를 떠올린 아빠의 얼굴이 굳어졌다.

"더 이상 아무것도 누릴 수 없을 테고……."

엄마가 다시 소리 내어 흐느끼셨다.

"그렇게 되지 않을 거예요."

부모님을 위로했지만 내가 할 수 있는 일이 별로 없었다. 그래서 머니를 데리고 얼른 숲으로 갔다. 머니의 조언이 절실하게 필요했다.

우리는 은신처에 도착했다. 머니가 돈에 대해 처음으로 가르쳐 주었던 일이 아주 오래전처럼 느껴졌다. 그 사이 내 일상은 많이 변했다.

"맞아. 넌 여러모로 많이 발전했어."

머니가 말했다.

"너랑 다시 얘기하니까 너무 좋아."

나는 머니를 다정하게 껴안았다.

"네가 필요하면 언제든 나랑 얘기할 수 있어."

"지금 네 도움이 절실히 필요해."

나는 간절한 목소리로 말했다.

"아니, 이제 내 도움은 필요 없어. 돈에 대하여 알아야 할 중요한 것들을 이미 주변 어른들한테 배웠잖아. 그분들이야말로 훌륭한 선생님이야. 이제 더 알아야 할 것은 돈을 투자하는 방법뿐이야. 그것 역시 그분들에게 충분히 배울 수 있고. 난 그저 네가 길을 잘 찾도록 이끌었을 뿐 전부 네가 해낸 거야."

"그래, 하지만 지금 중요한 건 그게 아니야. 우리 집을 지킬 수 있는 방법을 찾게 도와줘."

"이런, 이런!"

머니가 콧잔등을 잔뜩 찌푸렸다.

"방법은 벌써 찾지 않았어? 내일 부모님과 함께 골트슈테른 아저씨를 만나기로 했잖아. 아저씨라면 해결책을 아실 거야."

아저씨와 만나기로 한 약속을 까맣게 잊고 있었다. 아저씨는 분명히 부모님을 도와주실 것이다.

"방금 부자가 되면 좋은 이유를 하나 더 깨달았지?"

머니가 물었다.

나는 의아한 표정으로 머니를 보았다.

"부자가 되면 사람들을 도울 수 있어. 사람들은 너를 믿고 기꺼이 도움을 청하거든."

"내가 골트슈테른 아저씨 같은 사람이 될 수 있다는 말이야?"

머니의 말이 황당하게 느껴졌다.

"그렇기도 하고 아니기도 해. 너는 아저씨처럼 부자가 될 능력이 있어. 하지만 골트슈테른 아저씨와 너는 다른 사람이잖아. 너만의 방법으로 원하는 것을 이루게 될 거야. 지금까지 해 왔던 대로 계속한다면 충분히 아저씨처럼 성공할 수 있어."

나는 깜짝 놀랐다. 그런 생각은 꿈에서조차 해 본 적이 없었다. 하지만 머니의 말은 항상 옳았다. 이제까지 받은 칭찬 중에 최고였다. 나도 아저씨처럼 성공할 수 있을 거라니, 그렇게 된다면 얼마나 좋을까!

"그러기 위해서는 네가 무엇을 원하는지 확실하게 결정해야 해."

"그건 어렵지 않아."

나는 망설임 없이 대답했다.

"사람들은 대부분 그렇게 대답해. 하지만 막상 원하는 것을 이루기 위해서 해야 할 일은 망설이지. 대가를 치르는 건 바라지 않거든."

"내가 뭘 해야 하는데?"

"지금 하고 있는 일을 꾸준히 계속해야 해. 몇 가지 일에 성공했다고 성공 일기 쓰는 걸 그만두면 안 돼."

나는 얼른 그러겠다고 약속했다.

"그게 생각처럼 쉽지 않아."

머니의 말투가 강해졌다.

"성공하면 자만심에 빠질 위험이 커. 그러면 더 이상 무언가를 배우려고 하지 않지. 배우지 않는 사람은 훌륭하게 성장할 기회를 놓치는 거야."

생각할 시간을 주려는 듯 잠시 말을 멈추었던 머니가 다시 말했다.

"성공 일기를 쓰면 자기 자신과 세상 그리고 성공의 법칙에 대해서 더 깊게 생각하게 될 거야. 그럼 자신이 원하는 것을 점점 잘 이해하게 돼. 그래야만 비로소 다른 사람들도 이해할 수 있어. 자기 자신과 세상의 비밀을 알아내는 일이야말로 우리가 도달해야 할 목표야. 물론 완벽하게 알 수는 없겠지. 하지만 아주 조금씩 목표를 향해 다가갈 수 있어."

"성공 일기를 쓰는 건 엄청 재미있어."

나는 큰 소리로 말했다.

"잘됐네! 말하고 싶은 게 하나 더 있어. 문제가 있다고 도망치면 안 돼. 고생할까 봐, 실수할까 봐, 창피를 당할까 봐 두려워서 도망치는 바람에 인생을 망친 사람이 셀 수 없이 많거든."

나는 얼굴이 빨개졌다.

"나도 사실 겁나서 하기 싫은 일이 있어. 하이넨 아주머니와 하넨캄프 할아버지, 할머니가 강력하게 권하시기는 했지만."

머니에게 하이넨 아주머니가 발표를 부탁했다는 얘기를 했다.

"그 행사에서 발표하는 게 좋은 기회라는 건 나도 알아. 하지만 너무 겁나서 도저히 못 하겠어."

내 이야기를 들은 머니의 반응은 의외였다.

"얼른 가서 성공 일기를 가져오자."

말을 마치기 무섭게 머니가 은신처 밖으로 사라졌다. 나는 어안이 벙벙한 얼굴로 급히 따라나섰다. 아무리 빨리 달려도 머니를 따라잡는 건 어림도 없었다. 머니는 나보다 훨씬 먼저 집에 와 있었다. 우리는 재빨리 성공 일기를 챙겨 은신처로 돌아왔다. 머니는 가쁜 숨을 내쉬는 나를 기다렸다가 말했다.

"할 수 없다는 생각이 들 때 이렇게 해 봐. 네가 썼던 성공 일기를 읽으면서 예전에 두려움을 물리쳤던 경험을 찾는 거야. 전에 할 수 있었으면 앞으로도 할 수 있을 테니까."

　성공 일기를 천천히 읽어 보았다. 하기 전에는 두려웠지만 별로 겁낼 일이 아니었다는 걸 나중에 깨달았던 때가 여러 번 있었다. 하넨캄프 할아버지에게 나폴레옹 산책을 시키겠다고 제안했을 때, 골트슈테른 아저씨를 처음 만나러 갔을 때, 트룸프 할머니 댁의 지하실에 내려갔을 때 그랬다. 엄마가 내 소원 저금통을 발견하고 비웃으셨을 때도 마찬가지였다. 그중 가장 두려웠을 때는 머니를 원래 주인에게 돌려보내야 한다고 생각했을 때였다.

　"너는 네 능력을 과소평가하는 것 같아."

　머니가 진지하게 말했다.

　정말 신기했다. 그 말을 들으니 처음으로 사람들 앞에서 말하는 것이 그다지 두렵지 않게 느껴졌다. 그동안 얼마나 많은 일을 해냈는지 돌이켜 볼수록 자신감이 커졌다. 발표를 생각하자 겁나는 대신 무척 긴장되면서도 설렜다. 발표를 잘할 수 있을 것만 같았다.

머니는 나를 주의 깊게 살폈다.

"마법 같아. 방금 전까지 절대 못 할 것 같았는데, 지금은 하고 싶어졌어. 물론 엄청 떨리겠지만 말이야."

정말 기분이 좋았다. 하이넨 아주머니, 하넨캄프 할머니와 할아버지가 잘한 결정이라고 칭찬해 주실 거라고 생각하니 괜히 으쓱해졌다.

머니가 신나서 내 얼굴을 마구 핥았다. 아직도 머니의 버릇을 고쳐 주지 못했다. 아마 앞으로도 힘들 것 같다. 내 마음이 순식간에 바뀌었다는 사실이 놀라워서 머니에게 물었다.

"어떻게 이렇게 금세 바뀔 수 있지?"

머니가 미소를 짓는 것처럼 보였다.

"두려움은 실패하는 상황을 상상할 때 생겨. 일이 잘못될 가능성을 자꾸 생각할수록 점점 두려워지는 거야. 그런데 성공 일기를 들여다보면 성공한 일에 집중하게 돼. 자연스럽게 잘될 가능성을 떠올리지."

머니의 말을 제대로 이해하기 어려웠다. 내 생각을 읽은 머니가 다시 정리해서 말했다.

"긍정적인 목표에 집중하면 두려움이 사라져."

"다 이해하지는 못했어. 하지만 이것도 전기랑 비슷하지? 정확한 원리는 모르지만 작용한다는 사실을 아는 것만으로 충분한 거 말이야."

머니가 그렇다는 의미로 눈을 끔뻑했다.

우리는 은신처를 떠나 집으로 향했다. 이번에는 서두르지 않고 천천히 걸었다.

자기 전에 할 일이 많았다. 무엇보다 먼저 부모님을 안심시켜 드려야 했다. 내일 골트슈테른 아저씨와 의논해 보시라고 했더니 다행히 엄마가 눈물을 그치셨다. 그런 다음 마르셀 오빠와 모니카에게 전화를 걸어 트룸프 할머니가 우리와 함께 투자 클럽을 만들고 싶어 하신다고 얘기했다.

다음 날 골트슈테른 아저씨의 운전기사 아주머니가 부모님을 태우려고 집으로 오셨다. 아저씨가 부모님만 만나는 게 좋을 것 같다고 하셔서 나는 따라가지 않았다. 세 분이 무슨 얘기를 나누고 어떤 결정을 내렸는지 잘 모르지만 한참 뒤에 돌아온 부모님의 얼굴이 한결 편안해 보이셨다.

부모님은 아저씨의 도움으로 은행에 갚아야 하는 대

출금을 32퍼센트나 줄였고, 밀린 금액의 납부 기한도 몇 달 연장했다고 알려 주셨다. 매달 쓸 수 있는 돈이 많아졌으니 그 돈의 절반은 비상시를 대비해 저축하고 나머지 절반은 거위용으로 모을 거라고 하셨다.

나는 행복해서 부모님을 껴안았다. 그리고 머니도 안아 주었다. 머니에게 고마워서 그랬다는 걸 부모님은 모르실 것이다. 나는 머니를 오래 쓰다듬었다. 머니가 가만히 있다가 또 내 얼굴을 핥았다. 정말 못 말리는 버릇이다!

기쁜 마음으로 내 방에 돌아와 소원 노트를 꺼내 소원 목록을 펼쳐 보았다. 거기에 분명하게 적혀 있었다. 내가 가장 바라는 세 가지 소원 가운데 하나가 바로 빚 때문에 힘들어하시는 부모님을 도와드리는 것이었다. 그 소원을 이루었다. 물론 골트슈테른 아저씨 덕분이긴 하지만 아저씨를 만날 수 있게 도운 사람은 바로 나다.

나는 빨간색 사인펜으로 내가 이룬 목표에 동그라미

표시를 했다. 그리고 성공 일기에 특별한 기록을 남기기로 했다. 마지막 페이지에 '대단한 성공'이라는 제목을 굵게 쓴 뒤 그 아래에 이렇게 적었다.

> **대단한 성공**
>
> 부모님이 빚 때문에 힘들어하시지 않고 저축을 시작할 수 있게 도와드렸다.

그런 다음 소원 저금통을 뿌듯하게 바라보았다. 이제 내 소원 두 가지를 이뤄 줄 저금통을 열 날이 멀지 않았다. 모든 것이 믿기지 않을 정도로 근사했다.

## 6. 돈의 마법사들

드디어 투자 클럽을 만들기로 한 날이 되었다.

나는 머니를 데리고 트룸프 할머니 댁으로 갔다. 마르셀 오빠와 모니카는 벌써 와 있었다. 할머니는 모임을 위해 거실에 짙은 녹색 테이블보를 덮은 원탁을 준비하고 그 위에 양초 여섯 개가 꽂힌 고풍스러운 촛대도 올려놓으셨다. 그래서인지 우리 모임이 더 특별하게 느껴졌.

자리마다 서류철과 봉투가 한 개씩 놓여 있었다. 할머니는 아직 아무것도 만지면 안 된다고 하셨다. 우리는 궁금해서 조바심이 났다.

"지금부터 첫 번째 투자 회의를 시작한다."

할머니가 엄숙하게 선언하셨다.

"가장 먼저 할 일은 우리 모임의 이름을 정하는 일이란다."

그건 우리 모두 자신 있었다. 돈 창고, 황금 거위, 마법의 제자들과 금화, 꼬마 악마들까지 여러 이름이 나왔다. 투자 드림팀, 황금 네 사람, 돈 로켓 그리고 키마모 트룸프라는 이름도 생각해 냈다. 키마모는 우리 세 사람 이름의 머리글자를 따서 만들었다.

우리는 의논 끝에 모니카가 제안한 '돈의 마법사들'로 정하기로 했다. 이름처럼 우리가 주문을 외면 마법처럼 돈이 생길 것 같았다.

우리는 사인펜으로 서류철 앞에 '돈의 마법사들'이라고 쓴 후 이름을 적었다. 마르셀 오빠가 웃음을 터뜨렸다. 사인펜 색깔이 황금색이었기 때문이다. 나랑 모니카도 웃고 말았다. 할머니는 정말 하나도 빠짐없이 꼼꼼하게 챙기셨다.

할머니가 이제 서류철을 열어도 된다고 하셨다. 우리는 첫 번째 페이지에 마법의 주문을 적었다.

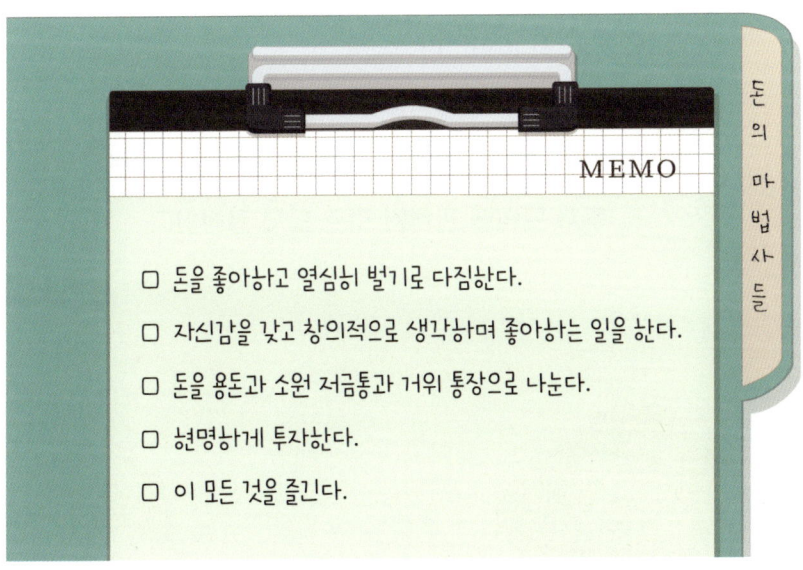

다 적고 나자 할머니가 아주 진지한 표정을 지으셨다.

"이 투자 모임이 성공하려면 몇 가지 원칙을 꼭 지켜야 한단다. 두 번째 페이지를 읽어 보렴."

우리는 매달 모일 날짜를 정한 다음 각자 한 달에 5만 원씩 내기로 정했다. 그리 어렵지 않게 마련할 수 있는 금액이었다. 마르셀 오빠와 나는 돈을 벌고 있고 모니카는 용돈을 꽤 많이 받기 때문이다. 우리는 공동으로 관리할 수 있는 통장을 만들기로 했다. 결정한 모든 사항을 종이에 적었다.

트룸프 할머니가 헛기침으로 목청을 가다듬고 우리를 번갈아 쳐다보셨다. 어쩐지 긴장되는 순간이었다.

"도둑이 들었을 때 용감하게 도둑을 쫓아 준 일에 보답하고 싶어 한참을 궁리해 보았단다. 너희에게 첫 번째 투자금을 주면 좋겠다는 생각이 들더구나. 자, 이제 봉투를 열어 보렴."

그렇지 않아도 봉투에 무엇이 들었는지 궁금했던 우리는 곧바로 봉투를 열어 보고 두 눈이 휘둥그레졌다.

봉투에는 300만 원이 들어 있었다. 어쩌면 돈이 있을지도 모른다고 생각했지만 300만 원은 너무 큰돈이었다.

너무 놀라서 어지러울 지경이었다.

"음……. 이 돈은 받을 수 없어요."

마르셀 오빠가 주저하며 말했다. 모니카도 오빠와 같은 생각이었다.

"저희는 별로 한 일이 없는걸요."

할머니는 고개를 흔드셨다.

"너희에게 얼마나 고마운지 모른단다. 돈을 도둑맞는 건 그나마 괜찮단다. 하지만 남편이 선물한 반지와 목걸이는 내가 정말 아끼는 거야. 그 물건들을 볼 때마다 남편과 함께 보냈던 행복한 시간이 떠오르거든."

나도 큰돈을 받으려니 마음이 불편했다. 하지만 할머니가 우리에게 보답하고 싶어 하시는 마음을 받아들여야 할 것 같았다. 그래서 벌떡 일어나 할머니를 안아 드렸다. 누군가 할머니를 안아 드린 게 오랜만인지 할머니는 어색해하셨지만 한편 감동하신 눈치였다. 모니카도 얼른 나를 따라 했다. 내가 마르셀 오빠에게 눈짓하자

 오빠도 망설이다가 할머니를 껴안았다. 할머니는 아주 행복해 보이셨다.
 우리는 할머니에게 감사 인사를 드리고 다시 자리에 앉았다. 받은 돈을 이리저리 살펴보았다. 이 큰돈이 우리 것이라니!

"나도 당연히 너희와 같은 금액을 내야지. 그럼 우리가 투자할 수 있는 돈은 1200만 원이 되겠구나."

할머니의 설명이 이어졌다.

"각자 매달 내는 5만 원을 합치면 일 년에 240만 원이야. 육 년 동안 모으면 1440만 원인데 거기에 1200만 원을 더하니, 육 년 후에는 2640만 원이 되겠지. 하지만 그 돈을 투자하면 훨씬 더 많은 금액이 된단다."

"얼마나 많은데요?"

모니카가 물었다.

"나중에 설명해 주마. 지금은 얼른 은행에 가서 공동 명의의 통장을 만들자꾸나. 혹시 친절한 은행 직원을 알고 있니?"

"제가 알아요!"

나는 냉큼 나섰다. 하이넨 아주머니야말로 자신 있게 추천할 수 있는 분이다.

우리는 함께 은행에 갔다. 아주머니는 우리 돈을 보고

꽤 놀랐지만 투자 클럽 이야기를 듣고는 아주 훌륭한 생각이라고 감탄하셨다. 아주머니의 도움으로 우리는 '돈의 마법사들'이라는 이름의 통장을 갖게 되었다. 통장의 거래 내역에도 '돈의 마법사들'이라는 이름이 찍힐 거라고 했다.

은행을 나서기 전에 나는 잠깐 남아 아주머니에게 학교 행사에서 발표하겠다고 말씀드렸다. 아주머니는 잘 생각했다며 무척 기뻐하셨다. 행사 전에 아주머니와 발표 연습을 하기로 약속을 정했다.

나는 빠른 걸음으로 먼저 나간 일행을 따라잡았다. 할머니와 우리 셋, '돈의 마법사들'이 길을 따라 함께 걸어가는 기분이 아주 근사했다. 모니카가 앞으로 서로를 '돈의 마법사'라고 부르자고 했다. 마르셀 오빠는 질색했지만 모니카는 고집을 꺾지 않았다.

할머니 댁으로 돌아온 우리는 돈을 어떻게 투자할지 결정하기로 했다. 모두 원탁에 둘러앉은 뒤 할머니가 말씀을 시작하셨다.

"사람들이 흔히 생각하는 것처럼 투자는 그렇게 어렵지 않아. 세 가지 원칙만 잘 지키면 된단다. 서류철의 세 번째 페이지에 적어 놓았으니 읽어 보렴."

우리는 얼른 서류철을 펼쳐 큰 소리로 읽었다.

**1. 안전해야 한다.**

"당연하죠. 안 그러면 돈을 다 날리잖아요."
마르셀 오빠가 심각한 얼굴로 말했다.
"맞는 말이다."
할머니가 고개를 끄덕이셨다.

**2. 황금 알을 많이 낳아야 한다.**

할머니가 설명하셨다.

"당연히 우리는 돈이 많이 불어나길 바라지. 그러니 가장 높은 이자를 받을 수 있는 방법을 알아봐야겠지. 주식에 투자하는 것이 돈을 많이 벌 수 있는 방법 중 하나란다."

이제 남은 것은 마지막 원칙 하나였다.

### 3. 쉽게 이해할 수 있어야 한다.

"관리하기도 쉬워야 하고요."

내가 한마디 거들자 할머니도 덧붙이셨다.

"은행 통장처럼 말이다. 돈이 어디에 투자되어 얼마나 이익을 내는지 쉽게 알아볼 수 있어야 한단다."

그 말에 모니카가 특히 반색했다. 투자가 너무 어려워서 이해하지 못할까 봐 내심 무척 걱정했기 때문이다.

"전부 주식에 투자하죠."

마르셀 오빠가 제안했다.

"주식이 뭐야?"

모니카가 물었다.

오빠가 한심하다는 듯이 모니카를 바라보았다.

"주식이 뭔지도 몰라?"

"그럼 네가 모니카에게 설명해 주렴."

할머니가 오빠에게 말씀하셨다.

"물론이죠. 음, 주식은……. 주식 시장에서…… 사람들이 투자를……."

자신만만하게 말을 시작했던 오빠는 제대로 말을 잇지 못하고 더듬거리다가 얼굴이 시뻘게졌다. 할머니가 친절하게 설명하셨다.

"어른들도 주식에 대해 제대로 설명하지 못할 때가 많단다. 다들 알고 있다고 생각하지만 정확하게 아는 사람은 드물지."

나도 '주식'이라는 말만 들어 보았을 뿐 아는 것이 하나도 없었다.

"이해하기 쉽게 예를 들어 보마. 마르셀이 빵 배달 사업을 할 때 컴퓨터를 사용하면 일도 수월해지고 시간도 절약될 거야. 그래서 컴퓨터를 사려고 하는데 컴퓨터 가격이 150만 원이 넘고 마르셀은 그만큼 돈이 없어. 그럼 돈을 빌려야겠지? 첫 번째 방법은 은행에서 돈을 빌리는 거란다. 대출을 받는다고 하지. 그럴 경우 빌린 돈을 정기적으로 조금씩 갚아야 하고 이자도 내야 한단다. 은행 대출을 원하지 않는다면 다른 방법이 있어. 키라와 모니카에게 돈을 빌려달라고 부탁하는 거야. 매달 얼마씩 갚는다거나 이자를 낸다는 조건 없이 각자 50만 원씩 마르셀에게 빌려준다고 해 보자."

"저희가 왜 그렇게 해야 해요?"

모니카가 어리둥절한 표정을 지었다.

"바로 그게 중요한 점이지. 아무런 대가 없이 그렇게 할 수는 없지. 대신 마르셀이 돈을 빌리는 대가로 너희가 사업에 참여할 수 있게 해 주면 어떻겠니?"

"어떤 식으로 참여해요?"

이번에는 내가 물었다.

"마르셀 회사의 가치가 1000만 원이라고 생각해 볼까? 돈을 빌려주는 대신 너희가 마르셀 회사의 지분을 10퍼센트씩 갖기로 약속하는 거야."

"회사의 가치가 얼마인지는 어떻게 아는데요?"

나는 다시 물었다.

"회사의 가치는 사람들이 그 회사를 위해 얼마를 지불할 수 있는지에 따라 결정된단다."

마르셀 오빠가 곧바로 말했다.

"다른 빵집에서 새로운 고객을 확보하기 위해 내 회사를 산다고 생각해 봐. 빵 배달 서비스로 고객이 많아지면 회사는 이익을 많이 낼 수 있으니까 말이야."

할머니가 고개를 끄덕이셨다.

"마르셀은 사업 감각이 있구나."

칭찬을 받은 오빠의 얼굴이 환해졌다. 할머니가 설명

을 계속하셨다.

"마르셀이 너희에게 회사 지분을 10퍼센트씩 넘겼으니 누군가 마르셀의 회사를 1000만 원에 사면 마르셀은 80퍼센트에 해당하는 800만 원을 갖고 너희는 각자 100만 원씩 받게 되겠지."

"그럼 돈을 빌려준 대가로 50만 원을 버는 거네요!"

모니카가 신이 나서 외쳤다.

"똑똑한 어린이네."

오빠가 놀리듯 킥킥거리자 모니카가 못마땅한 표정으로 노려보았다.

"그러니까 결국 회사가 팔려야만 돈을 벌 수 있다는 말이죠?"

나는 할머니에게 물었다.

"꼭 그렇지는 않단다. 누군가 네가 가진 10퍼센트를 사고 싶어 할 수도 있어. 그럼 넌 그걸 얼마에 팔지 정하면 돼. 60만 원을 받고 팔면 짧은 시간 안에 꽤 이익을 보는 셈이지."

"전 100만 원에 팔래요."

모니카가 큰 소리로 말했다.

"더 높은 가격에 팔고 싶은 건 당연하지. 하지만 그러면 네가 가진 10퍼센트를 사겠다는 사람이 아예 없을지도 몰라. 사는 사람도 나중에 비싼 가격에 팔 수 있을 거라고 믿어야 살 테니까 말이다. 이런 일이 매일 일어나는 곳이 주식 시장이란다. 주식 시장은 사람들이 회사의 지분, 그러니까 주식을 사고파는 장소지. 사람들은 자신이 산 주식을 나중에 다른 사람에게 더 비싸게 팔 수 있을 거라고 기대하는 거야."

"하지만 그건 아무도 모르잖아요."

"맞는 말이야."

할머니가 내 생각에 동의하셨다.

"하지만 마르셀 회사의 가치가 높아질 가능성이 있는지는 예측할 수 있지."

"내 회사의 가치가 올라가면 너희가 가진 회사 지분 10퍼센트의 가치도 올라가. 앞으로도 가치가 오를 거라고 생각하면 누군가 더 많은 돈을 주고 너희가 가진 주식을 사는 거야."

마르셀 오빠가 덧붙여 설명했다.

나는 오빠에게 감탄했다.

"오빠는 정말 빨리 알아듣는구나."

"그래, 이렇게 쉽게 이해하는 사람은 별로 없을 거야."

할머니가 오빠를 또 칭찬하셨다.

"맞아요. 저한테는 너무 어려운걸요!"

모니카가 투덜거렸다.

"주식의 좋은 점은 회사를 직접 차릴 필요 없이 회사의 이익을 나누어 받을 수 있다는 거란다."

할머니가 덧붙여 설명해 주셨다.

"저를 위해서 대신 일하게 만드는 셈이네요."

모니카가 웃으며 말했다.

하지만 나는 여전히 주식 투자가 망설여졌다.

"하지만 제 주식을 사겠다는 사람이 아무도 없으면 어떡해요?"

"네가 제시하는 가격에 사겠다는 사람이 나타날 때까지 기다리거나 가격을 낮추는 수밖에 없지. 살 사람은 항상 있단다. 얼마에 파느냐가 문제지."

"그럼 손해를 볼 수도 있겠네요."

생각만으로도 속상했다.

"그럴 수 있지. 하지만 그건 가격을 낮추어 주식을 팔 때에만 일어나는 일이란다. 계속 갖고 있으면 언젠가는 더 높은 가격에 네 주식을 사겠다고 나서는 사람이 나타날 수 있어."

"가지고 있는 동안에는 아무 이익도 없고요?"

"주식을 갖고 있는 사람은 그 회사가 낸 이익에 대해 권리가 있단다. 회사는 주식을 가진 사람들에게 이익을 나누어 줘야 하지. 그걸 '배당금'이라고 해."

"그러니까 마르셀 오빠가 번 돈 중 일부를 정기적으로 저희에게 나누어 주어야 한다는 뜻인가요?"

모니카는 마치 실제로 돈이 생긴 것처럼 좋아했다.

"주식을 발행하는 회사에서는 일 년에 한 번 전체 사업 이익이 얼마나 되는지 계산해. 그리고 이익을 어떻게 사용할지 결정한단다. 이익의 일부는 사업하는 데 쓰고 나머지는 회사 주식을 가진 사람들에게 나누어 주지."

"누가 그걸 결정하나요?"

모니카가 물었다.

"주식을 갖고 있는 사람들이 함께 모여 다수결로 정해. 그걸 '주주 총회'라고 부르지."

할머니가 친절하게 알려 주셨다.

"투자한 회사의 사업이 잘되면 그 회사에서 일하지 않아도 돈을 벌 수 있다는 말이네요. 근사해요!"

모니카가 감탄했다.

"하지만 투자하려는 회사를 잘 골라야 해."

나는 모니카에게 짤막하게 대꾸한 다음 성공적인 투자를 위해 지켜야 할 세 가지 원칙을 다시 한번 읽었다.

"설명을 들어 보니 주식 투자는 별로 안전한 것 같지 않아요. 이해하기도 쉽지 않고 투자할 회사를 고르기도 어렵고요. 황금 알을 많이 낳아 돈을 벌게 해 준다는 두 번째 원칙만 맞는 것 같아요."

"직접 주식 투자를 하면 그 말도 맞아. 하지만 다른 사

람에게 적당한 주식을 골라 달라고 할 수도 있단다."

"좋은 방법이네요. 그런데 누가 우리 대신 주식을 골라 줘요?"

"그걸 설명하려면 시간이 좀 필요하니 다음에 만나서 이야기하기로 하자. 벌써 꽤 많은 걸 배웠고 은행에 돈도 맡겼으니 오늘 할 일은 다한 것 같구나. 다음에는 주식에 대해 잘 몰라도 주식 투자로 돈을 벌 수 있는 방법을 알려 주마."

마르셀 오빠는 불만스러운 눈치였다.

"그걸 배울 때까지 돈을 은행에 그냥 두어야 하잖아요. 이자도 거의 못 받을 텐데요."

할머니가 크게 웃으셨다.

"마르셀은 돈 버는 일에 아주 관심이 많구나! 그래서 그렇게 돈을 잘 버는 모양이야. 성공하려면 관심을 가지

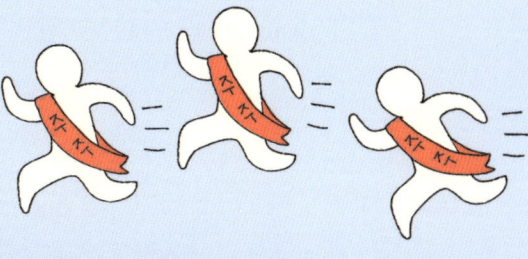

고 집중해야 하거든."

"저희 돈을 오늘 바로 투자하면 안 되나요?"

오빠가 물었다.

"그렇게 성급하게 결정할 문제가 아니란다. 투자하기 전에 자신이 무엇을 하는지 정확하게 알아야지. 첫 번째 투자를 하기 전에 너희에게 투자 방법을 설명해 줄 생각이야. 필요한 서류도 준비하고. 원한다면 너희들이 좋아하는 회사에 투자할 수도 있지."

"저는 맥도날드와 코카콜라가 좋아요."

내가 제일 먼저 말했다.

"저는 레고요."

모니카도 질세라 소리쳤다.

"너희가 좋아하는 회사와 그 밖에 다른 회사 주식을 어떻게 살 수 있는지 가르쳐 주마."

할머니가 약속하셨다.

우리 셋은 바로 이튿날 할머니를 또 만나고 싶었다.

하지만 할머니는 서류를 준비하는 데 며칠 걸릴 거라고 하셨다. 그래서 돈의 마법사들은 닷새 후에 다음 모임을 갖기로 했다.

## 7. 두려움을 이겨 낸 키라

하이넨 아주머니가 발표 준비를 도우러 우리 집으로 오셨다. 나는 발표할 내용을 처음부터 끝까지 일일이 적어서 외우려고 했다. 하지만 사람들 앞에서 말해 본 경험이 많은 아주머니는 부자연스러워 보일 거라며 나를 말리셨다.

우리는 아주머니가 처음에 제안했던 대로 아주머니의 질문에 내가 대답하는 방식으로 하기로 했다. 아주머니와 질문을 정하고 대답해 보았다. 준비는 그게 다였다.

학교 행사가 열리는 토요일이 다가올수록 점점 긴장됐다. 차라리 병에 걸리거나 행사가 취소되면 좋겠다는 생각이 들 정도였다.

마침내 토요일 아침이 되었다. 밤새 잠을 설쳐서 눈이 너무 일찍 떠졌다. 시간이 멈춘 것 같았다. 나는 서서히 공포에 사로잡혔다. 머리가 멍했다. 아침도 전혀 먹고 싶지 않았다. 식탁에 앉았더라도 한 입도 삼키지 못했을 것이다.

사람들 앞에서 발표라니, 말도 안 되는 일이다. 대체 왜 하겠다고 했을까? 잠시 제정신이 아니었던 모양이다. 아무리 생각해도 도저히 할 수 없을 것 같았다.

그때 머니가 꼬리를 흔들며 다가왔다.

"지금은 너도 날 도와줄 수 없어."

나는 한숨을 쉬었다.

"누구 탓을 하겠니. 내가 스스로 하겠다고 했는걸. 이제까지 발표라곤 한 번도 해 본 적 없는데 하필이면 첫 발표가 수백 명 앞이라니!"

그 순간 머니가 내 성공 일기를 입에 물고 있는 모습이 보였다.

"머니야, 고맙긴 한데 지금은 소용없어. 아무것도 눈에 안 들어와."

머니는 꼼짝도 하지 않았다. 어서 읽으라는 듯 성공 일기를 입에 문 채 나를 빤히 쳐다보았다. 나는 머니를 밀어냈다.

머니가 재빨리 몸을 피하고는 내 무릎에 성공 일기를 떨어뜨렸다. 일기를 치우려고 하자 머니는 그러지 말라는 듯 몇 차례 짖었다.

머니의 고집스러운 행동에 나도 모르게 피식 웃고 말았다. 그러자 기분이 좀 나아졌다.

머니와 마지막으로 나눈 대화가 떠올랐다. 그때 머니의 조언으로 성공 일기를 읽고 나서 발표할 용기를 낼 수 있었다.

나는 성공 일기를 펼쳐 읽기 시작했다. 그동안 내가 얼마나 많은 것을 이루었는지 새삼 느꼈다. 일을 해서 돈을 벌었고 트럼프 할머니 댁에서 모험을 겪었으며 스스로 통장을 만들었다. 돈을 관리하는 법도 배우고 부모님의 경제 사정이 나아지도록 도움도 드렸다.

성공 일기를 읽으니 발표가 더 이상 두렵지 않았다. 마음먹은 것은 무엇이든 해낼 수 있을 것 같았다. 기분이 훨씬 좋아졌다.

삼십 분쯤 지나고 나갈 준비를 했다. 자전거를 타려고 하는데 부모님이 나오셨다. 차로 나를 데려다준다고 하셨다. 너무나 당황스러웠다. 부모님이 내 발표를 들으실 거라고는 전혀 생각하지 못했다. 나는 어쩔 수 없이 머니를 데리고 차에 탔다. 잠깐이었지만 머니를 꼭 껴안고 있었던 덕분에 마음이 진정되었다.

학교에 도착하니 하이넨 아주머니가 이미 입구에서 기다리고 계셨다. 아주머니는 활짝 웃는 얼굴로 인사하고 내 손을 잡으셨다. 강당으로 가자 사람들이 꽉 차 있었다. 우리는 맨 앞줄에 앉았다. 아직 내 차례가 아닌데도 사람들이 나만 보는 것 같았다.

갑자기 귀에 익은 목소리가 들렸다. 뒤를 돌아보니 아주 친숙한 얼굴이 보였다. 골트슈테른 아저씨였다. 아저씨는 운전기사 아주머니가 미는 휠체어를 타고 다가오셨다. 나는 아저씨에게 반갑게 인사했다.

"키라야, 오늘은 아주 특별한 날이구나! 부모님한테 얘기 듣고 나도 꼭 참석하고 싶었단다."

나는 가슴이 벅차올라 한마디도 할 수 없었다.

그때 아저씨 뒤에 서 있는 사람들이 눈에 들어왔다. 마르셀 오빠, 모니카, 트룸프 할머니, 하넨캄프 할아버지와 할머니까지 모두 나를 응원하러 와 주었다. 여전히 긴장되었지만 나를 응원해 주는 사람들이 함께 있다는 사실만으로 어쩐지 마음이 놓였다. 괜찮을 거라는 확신이 들었다.

하이넨 아주머니가 발표할 차례라고 손짓하셨다. 나는 자리에서 일어나면서 머니에게 따라오라고 눈짓을 보냈다. 머니를 데리고 나가면 좀 이상하게 보일 수도 있지만 나는 머니와 함께 발표하는 것이 맞다고 생각했다.

마이크 앞에 서자 하이넨 아주머니가 먼저 말을 시작하셨다.

"학생 여러분 그리고 이 자리에 참석하신 학부모님과 교사 여러분, 저는 어린 시절에 돈을 제대로 관리하는 법을 배우는 것이 매우 중요하다고 늘 생각했습니다. 이런 제 생각을 잘 전달할 방법이 없는지 고민하던 중 우연히 어른보다 현명하게 돈을 관리하는 어린 고객을 만났습니다. 매달 버는 돈을 나누어 아주 훌륭하게 관리하고 있었습니다. 놀라운 사실은 불과 얼마 전까지만 해도 그 고객은 용돈이 부족해 걱정하는 평범한 아이였다는 겁니다. 그런데 돈에 관한 몇 가지 조언을 듣고 실천한 결과, 지금은 교환 학생으로 미국에 가고 노트북도 살 수 있을 만큼 돈을 많이 모았답니다. 그 고객의 이름은 키라입니다. 키라가 오늘 이 자리에서 돈을 관리하는 방법을 기꺼이 알려 준다고 합니다. 모두 환영해 주시기 바랍니다."

말을 마친 아주머니는 나를 향해 몸을 돌리셨다.

"키라야, 우리 학교 행사에 나와 주어서 고맙구나. 몇 가지 궁금한 게 있는데 우선 돈을 어떻게 나누어서 관리하고 있는지 말해 줄 수 있겠니?"

나는 황금 알을 낳는 거위 이야기와 돈을 나누어서 사용하는 법을 말했다. 아주머니가 아이들이 돈을 벌 수 있는 방법과 성공 일기 그리고 그 밖의 여러 가지에 대하여 연달아 질문하셨다.

내가 대답할 때 골트슈테른 아저씨는 미소를 지으며 계속 고개를 끄덕이셨다. 마르셀 오빠는 잘했다는 듯 몇 번이나 엄지손가락을 번쩍 치켜들었다. 두 사람의 반응을 확인하자 긴장감이 완전히 사라졌다.

마지막 질문에 대답하고 하이넨 아주머니가 나에게 감사 인사를 건네자 요란한 박수 소리가 이어졌다. 머니도 덩달아 컹컹 짖었다. 나는 재빠르게 무대에서 내려오려고 했지만 아주머니가 나를 놓아주시지 않았다. 덕분

에 내키지 않았지만 꽤 오래 칭찬을 들어야 했다. 부끄럽기도 하고 기쁘기도 하고, 기분이 참 이상했다.

자리로 돌아가자 엄마는 나를 꼭 껴안아 주셨고 아빠는 내 머리를 쓰다듬으셨다. 골트슈테른 아저씨가 힘주어 말씀하셨다.

"키라야, 잘했다. 네가 자랑스럽구나."

나는 얼굴을 붉혔다.

"아니에요. 너무 긴장해서 몇 가지 빠뜨렸는걸요."

아저씨가 단호하게 고개를 흔드셨다.

"오늘 보니 너는 사람들이 네 이야기에 귀를 기울이게 하는 능력이 있더구나. 진심이란다. 정말 잘했어."

아저씨가 잠시 멈추었다가 다시 말씀하셨다.

"이 기회를 포기했다면 너에게 그런 능력이 있는 줄 결코 알 수 없었겠지. 잊지 말렴. 어렵다고 생각했지만 결국 해낸 걸 우리가 얼마나 자랑스러워하는지 말이다."

나는 행복한 미소를 지었다. 두려워했던 발표를 잘 해

냈다고 생각하니 정말 기뻤다!

행사가 끝나자 아주머니 한 분이 나를 만나러 오셨다. 아주머니는 자신을 출판사 대표라고 소개하면서 내 이야기를 책으로 낼 생각이 없는지 물으셨다.

옆에서 듣고 있던 마르셀 오빠가 나보다 더 반기며 끼어들었다.

"적당한 제목도 있어요! '닭대가리를 벗어나 돈의 마법사가 되다', 어때요?"

나는 못마땅한 눈초리로 오빠를 흘겨보았다. 아주머니에게 내 전화번호를 알려 주기는 했지만 사실 책을 내고 싶은 마음은 별로 없었다. 내가 이룬 모든 것이 머니 덕분이라는 사실을 밝힐 수 없기 때문이다.

나는 부모님에게 집까지 걸어가고 싶다고 말했다. 머니와 단둘이 있고 싶은 마음이 간절했다.

머니를 데리고 조용히 거리를 걸었다. 우리는 바로 집에 가는 대신 은신처로 향했다. 가는 도중에 머니에게 줄 특별한 간식도 샀다.

　은신처에 도착하자마자 바닥에 털썩 주저앉았다. 모든 긴장이 풀렸다. 나는 작게 흐느꼈다. 속상하거나 슬프지는 않았다. 오히려 나 자신이 자랑스러웠고 기뻤다. 그저 내가 느끼는 감정이 너무 벅차 감당하기 힘들었다. 난 생처음 내가 많은 것을 할 수 있다는 사실을 실감했다.

　모든 게 감사했다. 내 삶은 완전히 달라졌다. 격한 감정에 휩싸인 채 머니를 바라보았다. 어쩐지 우리 둘 사이가 조만간 달라질 것 같다는 기분이 들었다. 하지만 불안하지 않았다.

# 8. 투자 클럽의 투자

드디어 투자하기로 한 날이 되었다.

우리는 설레는 마음으로 트룸프 할머니 댁에 모였다.

할머니는 모든 것을 지난번처럼 준비하셨다. 우리가 촛불이 놓인 원탁에 자리를 잡고 앉자 할머니가 엄숙하게 선언하셨다.

"오늘 돈의 마법사들은 처음으로 돈을 투자한다."

우리는 가만히 앉아 있었다.

할머니가 우리를 둘러보셨다.

"1200만 원은 상당히 큰 돈이야. 신중하게 결정해야 하지. 너희에게 제안을 하나 하고 싶구나. 하지만 모두가 동의할 때에만 투자할 생각이란다."

"저는 뭐든지 동의해요."

모니카가 곧바로 말했다.

"우선 너희가 좋아하는 회사에 골고루 투자하는 방법을 설명해 주마."

"저희가 좋아하는 회사의 주식을 조금씩 다 사죠. 돈은 충분하잖아요."

마르셀 오빠가 할머니의 말을 끊고 제안했다.

"잠깐 들어 보렴. 지난번에 더 간단한 방법을 알려 준다고 했던 약속, 기억하지? 그 방법은 바로 '펀드'란다."

"펑드요?"

모니카는 처음 들어 본 단어가 신기한 모양이었다.

"펑드가 아니고 펀드란다. 펀드에 대해서 알아야 할 것을 정리했으니 읽어 보렴."

할머니가 나에게 종이를 내미셨다. 나는 종이에 적힌 내용을 또박또박 읽었다.

"펀드는 시간이나 지식이 없어서 주식을 직접 사지 못하는 투자자들이 맡긴 돈을 담아 놓은 커다란 항아리 같은 것이다. 투자 전문가인 펀드 매니저는 이 항아리에 있는 돈을 주식에 투자한다. 투자의 모든 과정은 정부의 엄격한 감독 아래 진행되며 펀드 매니저는 일정한 원칙을 지켜야 한다. 최소한 20개 이상 서로 다른 주식을 사야 한다는 원칙도 그중 하나이다."

"왜요?"

마르셀 오빠가 물었다.

"한 회사의 주식만 사면 위험하기 때문이란다. 100만 원으로 5만 원짜리 주식을 20주 샀다고 치자. 주가가 40퍼센트 떨어지면 주식 1주의 가격은 3만 원이 되고, 그 가격에 판다면 60만 원을 받겠지."

"완전 손해네요."

오빠가 중얼거렸다.

"그래서 펀드 매니저는 위험을 분산시키기 위해 최소한 20개가 넘는 회사의 주식을 매수해야 한단다. 좀 전에 말했던 100만 원으로 서로 다른 종류의 주식을 20주 샀다고 치자. 그 가운데 한 가지 주식 가격이 40퍼센트 떨어지고 다른 주식들은 같은 가격을 유지한다고 생각해 보렴. 그럼 손해는 2만 원에 그치겠지."

마르셀 오빠가 재빨리 암산했다.

"투자한 전체 금액 100만 원에서 겨우 2퍼센트만 손해를 보는 셈이네요."

"맞아, 정말 금방 알아듣는구나!"

할머니가 오빠를 칭찬했다.

"실제로는 주가가 떨어지는 주식도 있고 올라가는 주식도 있지. 어떤 주식은 거의 변화가 없기도 해. 하지만 투자 전문가인 펀드 매니저가 사들인 주식 전체로 보면 보통 주가가 올라가는 주식이 훨씬 더 많단다."

"하지만 주가가 전부 떨어지면요?"

나는 걱정스러웠다.

"주가가 다시 오를 때까지 기다려야지. 지난번에 내가 했던 말 기억하니? 주가가 떨어져도 실제로 그 가격에 주식을 파는 경우에만 손해를 보는 거란다."

마르셀 오빠가 물었다.

"그럼 당분간 쓸 계획이 없는 돈으로 펀드에 투자해야겠네요. 그렇죠?"

오빠가 잘 이해하자 할머니는 기뻐하셨다.

"그래. 우리 돈은 펀드에 투자해서 적어도 십 년 이상 넣어 둘 생각이야. 우리처럼 오랜 시간을 두고 투자하는 경우에는 펀드가 아주 안전하고 좋은 투자란다."

"맞아요. 펀드에 있는 주식 대부분이 결국 시간이 지나면 꽤 많은 수익을 낼 테니까요."

오빠가 대꾸했다.

평소와 달리 조용히 듣고만 있던 모니카의 표정이 갑

자기 불안해졌다.

"펀드 매니저가 돈을 가지고 도망치면 어떡해요?"

"그런 일은 일어날 수 없단다. 펀드 매니저가 돈을 직접 받지 않거든."

할머니가 빙그레 웃으셨다.

"투자자들이 내는 돈은 곧바로 신탁 계좌에 입금돼. 신탁 계좌는 우리 돈을 대신 맡아 관리하는 계좌를 말하지. 신탁 계좌에 있는 돈은 100퍼센트 안전해."

할머니의 설명을 듣고 모두 만족했다. 나는 종이에 적힌 다음 내용을 읽었다.

"펀드는 투자의 모든 조건을 충족한다. 또한 어린이와 청소년에게도 탁월한 투자 상품이다. 십 년 이상 투자한다면 원금을 잃을 위험이 거의 없으며 많은 수익을 거둘 수 있고……."

"많은 수익이라니, 얼마나 많은데요?"

오빠가 내 말을 가로채며 물었다.

"다 다르지만 보통 연간 8퍼센트에서 12퍼센트까지 수익이 난단다. 몇 년에 걸쳐 그 정도 수익률을 낸 성공적인 펀드가 많아."

"12퍼센트 수익률이면 얼마나 많이 버는 건가요?"

모니카가 물었다.

"6퍼센트의 두 배로 버는 거야."

오빠가 잘난 척했다.

"이 경우에는 그렇지 않아. 두 배보다 훨씬 많지. 8퍼센트 수익률이면 우리 돈이 얼마나 불어날지 복리 계산법으로 계산해 보마. 이십오 년 후에는 우리 돈 1200만 원이 거의 일곱 배로 불어나 약 8200만 원이 된단다."

"우아!"

오빠의 입에서 탄성이 터져 나왔다.

"엄청 토실토실한 거위가 되겠네요."

상상만으로도 기뻤다. 어느새 거위 이야기는 아무 때나 자연스럽게 떠올랐다.

"거기에 우리가 매달 내는 5만 원을 생각해 보렴. 합쳐서 일 년이면 240만 원이야. 처음 투자하는 1200만 원과 매년 추가되는 240만 원 모두 8퍼센트 수익을 내면 이십오 년 후에는 2억 6000만 원 정도가 된단다."

우리는 마치 벼락이라도 맞은 것처럼 놀랐다. 도저히 상상할 수 없는 엄청난 금액이었다.

이번에도 마르셀 오빠가 가장 먼저 정신을 차렸다.

"그럼 우리 모두 백만장자가 되겠네요."

"'돈의 마법사들'이라는 이름에 딱 맞아요!"

모니카가 활짝 웃었다.

"너희가 마흔 살이 되기 전에 각자 집을 장만할 기본 자금은 충분히 만들겠구나."

할머니는 무척 흐뭇한 표정을 지으셨다.

"이십오 년 후에도 돈을 찾지 않고 십 년을 더 투자하면 그 돈은 두 배 넘게 불어난단다. 거의 5억 5000만 원 가까이 되지."

현기증이 났다. 얼마나 많은 돈인지 짐작도 되지 않았다. 물론 전부 내 돈이 아니라 우리 네 사람의 공동 소유이지만 말이다.

어쨌든 이십오 년 후에는 각자 갖게 되는 금액이 6500만 원 정도 되고 삼십오 년 후에는 1억 4000만 원 정도 된다니, 대단히 많은 돈이었다.

클럽 이름을 잘 정한 것 같다. 우리는 정말 '돈의 마법사들'이었다.

혼자 생각에 잠겨 있다가 고개를 드니 모두 나를 쳐다보고 있었다. 너무 좋아서 읽을 내용이 더 있다는 것을 잊고 있었다. 나는 빨개진 얼굴을 숙인 채 얼른 다음 내용을 읽었다.

"펀드는 투자의 세 번째 원칙도 만족시킨다. 통장과 마찬가지로 가입, 유지, 관리가 매우 간편하다."

나도 해 본 적이 있는데 통장 만드는 건 정말 쉬웠다.

트럼프 할머니가 우리에게 물으셨다.

"우리 돈을 펀드에 투자하려고 하는데 너희 생각은 어떠니?"

모니카가 즉시 찬성했다. 모니카는 놀랍게도 펀드의 장점을 바로 이해했다.

"펀드에 투자하면 손해를 볼 염려도 없고 이십오 년 후에는 백만장자가 된다면서요. 게다가 통장처럼 관리하기도 쉽고요."

물론 나도 적극 찬성이었다.

하지만 마르셀 오빠는 조금 망설였다.

"펀드가 최선이긴 한데 어떤 펀드를 골라야 하죠? 제 생각에는 펀드의 종류도 주식의 종류만큼이나 많을 것 같은데요."

"맞아. 수천 가지의 펀드가 있지."

할머니는 고개를 끄덕이시더니 다시 말을 이었다.

"하지만 자세히 살펴보면 선택할 만한 펀드는 그다지 많지 않단다. 우리가 투자하기에 좋은 펀드를 고를 때 알아 둬야 할 점을 정리해 놓았으니 읽어 보렴."

할머니가 나를 쳐다보셨다.

나는 다음 페이지를 펼쳐 소리 내어 읽었다.

우리는 잠시 동안 아무 말도 하지 않고 펀드를 고를 때 유의할 점을 들으면서 이해하려고 애썼다.

# MEMO

**좋은 펀드를 고르기 위해서 유의할 점:**

1. 최소한 십 년 이상 유지된 펀드여야 한다. 그 기간 동안 수익을 많이 낸 펀드라면 이후에도 좋은 결과를 기대할 수 있다.
2. 국제적인 대규모 주식형 펀드가 좋다. 전 세계 주식을 사들여서 위험이 분산되기 때문에 매우 안전하다.
3. 펀드 수익률 순위를 참고하여 최근 십 년 동안 가장 수익을 많이 낸 펀드가 무엇인지 확인한다.

마르셀 오빠가 이맛살을 찌푸렸다. 오빠는 무언가 골똘하게 생각할 때면 늘 그랬다.

"펀드 수익률 순위를 어떻게 아나요? 국제적인 대규모 펀드인지는 어떻게 알고요?"

오빠가 묻자 모니카가 의미심장하게 웃으며 말했다.

"다 아는 수가 있지. 다음 페이지를 보면 돼."

모니카는 어느새 다음 페이지를 펼쳐 놓고 있었다.

모니카 말대로 할머니가 주신 서류철에 펀드 수익률을 비교한 표가 있었다.

가장 좋은 펀드를 찾는 일은 어렵지 않았다. 몇몇 펀드가 월등하게 높은 수익률을 보였기 때문이다.

"여기 쓰여 있는 '주가 변동성'이 무슨 뜻이에요?"

모니카가 물었다.

"주식 가격이 오르락내리락하는 변화의 폭을 가리킨단다. 변화가 심할수록 주가 변동성을 나타내는 숫자가 크지. 그 숫자를 보고 투자자는 얼마나 위험을 감수해야 하는지 예상해 볼 수 있단다. 주가 변동성이 크다면 주가가 큰 폭으로 오르락내리락한다는 뜻이니 투자 결과에 따른 감정의 기복도 심해지기 마련이지."

"그럼 주가 변동성이 낮을수록 덜 위험한가요?"

오빠가 물었다.

"어느 정도 맞는 말이야. 주가 변동성을 나타내는 숫자가 작다는 것은 비교적 안전한 투자라는 뜻이란다. 수익이 꾸준히 발생한다고 볼 수 있지."

"그냥 '주가 변화'라고 하면 되는데 왜 굳이 '주가 변동성'이라는 어려운 이름을 붙였을까요?"

모니카가 투덜거렸다.

우리도 모니카와 같은 의견이었다. 할머니가 우리의 표정을 보고 웃음을 터뜨리셨다.

"금융 전문가들이 원래 좀 그렇단다. 다른 사람들은 이해하지 못하는 어려운 용어를 사용해야 자신의 가치를 증명할 수 있다고 믿는지도 모르지. 다만 그 때문에 투자가 너무 어렵다고 생각하는 사람들이 많아서 안타까울 뿐이야. 그런 사람들은 투자에 회의적이지. 이해할 수 없는 것을 믿을 수는 없을 테니까 말이다. 하지만 알고 보면 투자는 아주 간단한 일이란다."

할머니가 정리해 주신 자료 덕분에 우리는 각각의 펀드가 얼마나 수익을 냈고, 수익률이 어떻게 변했는지 알 수 있었다.

하지만 그것만으로는 충분하지 않았다.

"이 중에서 어떤 것이 규모가 크고 전 세계 주식을 매수하는 안전한 펀드인지 어떻게 알아요?"

마르셀 오빠가 물었다.

모니카가 냉큼 입을 열었다.

"다음 페이지를……."

"아유, 똑똑이."

나는 모니카의 말을 가로막고 얼른 다음 페이지를 펼쳤다. 할머니는 규모가 큰 펀드를 스무 개 골라 최근 삼 년, 오 년, 십 년 동안의 수익률을 비교해 놓으셨다. 각 펀드가 어떤 주식을 매수했는지 그리고 어떤 회사의 주식을 많이 보유하고 있는지까지 적혀 있었다.

마르셀 오빠가 헤헤 웃으며 말했다.

"여기 재미있는 펀드가 있어. 펀드에 처음 투자하는 사람에게 적당하대. 주식을 사는 게 아니고 다른 펀드를 사는 펀드라는데, 어떤 펀드를 사는지 봐. 우리 서류에 적혀 있는 펀드들이야. 우리가 사고 싶어 했던 코카콜라, 레고, 디즈니, 맥도날드 회사 주식에 투자하는 펀드도 있어."

모니카와 나는 오빠가 말한 펀드에 관한 설명을 읽어 보았다.

"규모도 크고 지난 몇 년간 수익도 아주 많이 냈어."

모니카가 환한 얼굴로 말했다.

"다른 펀드에 비해 주가 변동성이 작은데도 연간 수익률이 10퍼센트가 넘어요. 왜 그런 걸까요?"

나는 할머니에게 물었다.

할머니가 빙그레 웃으셨다.

"그건 '펀드의 펀드'야. 여러 펀드를 모아서 만든 펀드란다. 주식을 사는 대신 좋은 펀드를 사서 한데 묶은 펀드라 아주 안전한 투자 상품이지. 펀드 하나에 백 가지 종류의 주식이 들어 있다고 생각해 보렴. 펀드 매니저는 그런 펀드 열다섯 개를 묶어서 하나로 만들었으니 '펀드의 펀드'에 들어 있는 주식의 종류는 천오백 개 정도가 된단다. 그걸 사면 결국 회사 천오백 개의 일부를 갖게 되는 셈이야. 근사하지?"

우리는 오래 고민하지 않고 '펀드의 펀드'가 최선의 투자라는 결론을 내렸다.

트럼프 할머니가 흡족한 얼굴로 미소를 지으셨다.

"나도 마음속으로 그 펀드를 골랐단다. 우리가 같은 의견이라 기쁘구나."

할머니는 잠시 우리 얼굴을 보시더니 물으셨다.

"수익률이 10퍼센트가 넘는다는 것이 정확히 무슨 의미인지 알고 있니?"

우리는 잘 모르겠다는 뜻으로 고개를 저었다.

"72의 법칙이라는 아주 쉬운 공식이 있어. 그 공식만 알면 복잡한 표를 볼 필요가 없지. 72를 너희가 투자한 돈의 연간 수익률로 나누면 그 돈이 두 배가 되는 데 걸리는 기간을 알 수 있단다."

"뭐라고요?"

모니카가 믿기 어렵다는 듯 눈을 동그랗게 떴다.

"72를 10으로 나누면 얼마지?"

"7.2요."

마르셀 오빠가 바로 대답했다.

"맞아. 연간 수익률이 10퍼센트면 약 칠 년 후에 돈이 두 배가 된다는 뜻이지."

마르셀 오빠가 생각에 잠긴 표정으로 중얼거렸다.

"연간 수익률이 15퍼센트일 때 얼마나 걸리는지 알고 싶다면 72를 15로 나누면 되겠네요. 음……. 4.8이에요."

할머니가 계속 설명하셨다.

"그래. 수익률이 15퍼센트면 약 오 년 만에 두 배가 되겠지. 우리가 투자하는 펀드가 10퍼센트 수익률을 유지

한다면 1200만 원이 칠 년 후에는 2400만 원이 되고, 십사 년 후에는 4800만 원이 되겠구나. 이십일 년 후에는 9600만 원, 이십팔 년 후에는 1억 9200만 원이 될 테고 말이다."

"8퍼센트일 때보다 훨씬 많네요."

나는 아주 기뻤다.

"돈을 그냥 '펀드의 펀드'에 넣어 놓기만 해도 그렇게 많아진다는 거죠? 정말 기막힌 투자 시스템이에요!"

모니카가 들뜬 목소리로 소리쳤다.

투자할 펀드를 결정하고 나니 나머지는 식은 죽 먹기였다. 우리는 필요한 서류를 작성하고 서명한 다음 서류

에 적힌 주소로 보냈다. 며칠 만에 펀드 회사에서 우리 이름으로 된 계좌를 만들었다고 연락이 왔다. 우리는 그 계좌로 1200만 원을 송금했다.

매달 모으는 20만 원도 그 계좌에 입금하려고 했지만 할머니는 그 돈을 다른 펀드에 투자하는 것이 좋겠다고 우리를 설득하셨다. 두 번째 펀드는 위험 부담이 큰 대신 더 많은 수익을 낼 수 있는 펀드였다. 우리는 두 개의 펀드를 통해 위험을 분산시키면서 동시에 더 많은 수익을 기대할 수 있었다.

성공 일기에 적을 내용이 정말 많았다.

두려웠지만 용기를 내어 학교 행사에서 발표한 일, 발표를 마친 후에 받은 칭찬, 늘어난 수입, '돈의 마법사들'과 함께한 첫 번째 투자…….

오래 생각할 필요도 없었다. 성공 일기를 쓰면 쓸수록 성공하는 일도 많아졌다. 분명 자신감이 점점 더 커졌기 때문일 것이다.

머니와 대화를 나눈 지 한참 되었다. 하지만 그리 아쉽지 않았다. 머니를 데리고 산책하거나 뛰어노는 것만으로도 충분했다. 머니와 함께 지낼 수 있어서 마냥 행복했다. 머니는 내가 숙제를 할 때에도 내 발 아래 엎드려 나를 지켜보았다. 그러다가 어느 순간 잠든 머니를 보면 어쩐지 마음이 편안해졌다.

## 9. 오르락내리락 주식

'돈의 마법사들'은 규칙적으로 모였다. 배울 것도 많았고 의논할 것도 많았다. 우리는 한 달에 한 번 펀드의 주가를 기록했다. 그래서 주식을 팔면 얼마를 받을지 정확하게 알고 있었다.

할머니는 처음에는 배울 것이 많아 주가 변화를 지켜봐야겠지만 계속 그럴 필요는 없다고 말씀하셨다.

"펀드에 투자하고 최소한 오 년에서 십 년 정도는 없는 셈 치고 잊어버리는 게 좋아. 한참 지나서 확인하면 돈이 아주 많이 불어나 있을 거야."

주가는 한참 동안 잔잔하게 오르내렸다. 거의 변화가 없는 것과 마찬가지였다. 우리 투자는 수익을 낸 것도, 손해를 본 것도 아니었다.

그러다가 10월에 주가가 폭락했다. 1200만 원은 960만 원이 되었다. 투자한 금액의 20퍼센트를 손해 본 것이다.

트룸프 할머니 댁에 모인 우리는 모두 고개를 푹 숙인 채 죽을상을 하고 있었다. 1200만 원이 계속해서 불어나 6000만 원이 될 것이라는 꿈만 꾸었지, 손해 볼 수도 있다는 생각은 조금도 하지 못했다.

"촛불은 끄는 게 좋겠어."

나는 기운 없이 말했다. 우리 모임을 축하하는 의미로 늘 원탁을 밝히고 있는 촛불이 어쩐지 거슬렸다.

마르셀 오빠도 평소답지 않게 굳은 표정으로 입을 꾹 다물고 있었다. 우리와 달리 모니카는 얼른 기운을 되찾

은 듯 보였다.

"아침 먹을 때 아빠가 말씀하셨어. 지금이 싼 가격에 주식을 살 때라고 말이야. 무슨 뜻인지 잘 모르겠지만 '저가 매수'라고 하신 것 같아. 아빠는 전혀 불안해하지 않으시던걸."

"그 말이 맞아!"

할머니의 목소리에 우리는 고개를 들었다. 할머니는 평소와 다름없이 침착하셨다. 전혀 걱정하시지 않는 것 같았다.

"손해를 봐도 아무렇지 않으신가 봐요."

마르셀 오빠가 이해할 수 없다는 표정으로 말했다.

"손해를 보지 않았으니까 그렇지."

"손해를 봤잖아요. 240만 원이나 되는걸요. 저한테는 꽤 큰 타격이에요."

마르셀 오빠가 인상을 쓰며 대꾸했다.

"오늘 주식을 판다면 그만큼 손해를 보겠지. 하지만

팔지 않을 테니 괜찮단다."

"그래도 비참한 기분이에요."

"오빠만 그런 줄 알아?"

나도 무척 속상했다.

다들 신경이 날카로웠다. 할머니는 우리의 반응이 재미있다는 듯 웃으셨다.

"처음 주가가 떨어졌을 때 나도 꼭 너희 같았단다. 그 주식을 왜 샀는지 후회막심이었지. 게다가 주가가 더 떨어질지도 모른다고 생각하니 아주 겁나더구나. 신문에 세계 경제가 위기라는 둥 주식 시장이 영원한 겨울을 맞았다는 둥 온통 비관적인 기사만 가득했거든."

마르셀 오빠와 나는 놀란 얼굴로 마주 보았다. 주가가 더 떨어질 수도 있다고 미처 생각하지 못했다!

할머니는 우리의 얼굴을 보고 더 크게 웃으셨다. 할머니가 그렇게 웃으시는 걸 보니 우리가 정말 걱정하는 일은 일어나지 않을 것 같아 조금 마음이 놓였다.

"나도 몇 차례 위기를 겪어 봤단다. 하지만 주가는 항상 몇 년 안에 회복되더구나. 예외 없이 늘 그랬지. 그래서 이제는 주가가 폭락해도 별로 걱정하지 않는단다."

그래도 나는 여전히 불안했다.

"하지만 주식 시장이 영원히 겨울이면 어떡해요?"

"말 그대로 겨울은 사계절 중 하나지. 겨울이 지나면 봄이 오고 여름이 오는 것이 당연한 이치이고, 여름이 지나면 가을과 겨울이 오기 마련이란다. 자연에 사계절이 있는 것처럼 주식 시장에도 사계절이 있어. 항상 그래 왔고 앞으로도 그럴 거란다."

"기다렸다가 겨울에 주식을 사는 것이 가장 좋을 뻔했네요."

마르셀 오빠는 아쉽다는 표정이었다.

"겨울이 닥칠 거라는 사실을 미리 알고 있었다면 그랬겠지. 하지만 알 수가 없었잖니? 우리가 주식을 사고 난 다음에 주가가 올라갈 수도 있었단다. 그랬더라면 사기를 잘했다고 생각했겠지. 사지 않았더라면 큰 수익이 날 기회를 놓쳤다고 속상했을 거야. 내 생각에는 지금이 추가 매수를 할 시기인 것 같구나. 앞으로 삼 년에서 오 년 사이에 주가가 회복되는 걸 넘어서 원래보다 20~30퍼센트 올라갈 수도 있어. 그럼 우리가 처음 투자한 1200만 원은 약 1400~1600만 원이 되겠지. 그리고 지금 추가로 1200만 원을 투자하면 같은 기간에 40~50퍼센트 수익률을 기대할 수 있으니 추가로 투자한 1200만 원은 약 1600~1800만 원으로 불어나겠구나."

"지금 사면 저가 매수이니까요?"

모니카가 아빠에게 들은 단어를 썼다.

나는 할머니에게 저가 매수가 무슨 뜻인지 여쭈어 보았다.

"주식이나 펀드를 원래 가치보다 싸게 사는 것을 말한단다. 그렇게 사서 짧은 기간 안에 제 가격을 받고 팔면 돈을 꽤 많이 벌 수 있지."

마르셀 오빠는 늘 그랬듯이 빨리 결정하고 실행에 옮기고 싶어 했다.

"그렇다면 지금 주가가 내려가 있으니 빨리 사야겠다. 각자 300만 원씩 내서 1200만 원을 더 투자하는 게 좋겠어. 난 돈이 있는데 너희는 어때?"

오빠가 모니카와 나를 보며 물었다.

오빠는 돈을 잘 벌었고 모니카는 최근에 친척들에게 용돈을 많이 받았다. 할머니도 그 정도 금액을 내는 건 전혀 문제가 되지 않을 것이다. 하지만 나는 사정이 좀 달랐다. 통장에 모아 둔 돈이 있기는 했지만 150만 원이 부족했다. 그렇다고 소원 저금통에 든 돈을 꺼내 쓰고 싶지는 않았다.

나 때문에 추가 매수를 못 한다고 생각하니 곤란했다. 다른 방법이 없는지 골똘하게 궁리하다가 할머니와 할아버지가 나를 위해 만들어 주신 예금 통장이 생각났다. 두 분은 나중에 내 학비에 보태라며 그 통장에 꾸준히 돈을 모으셨다. 적어도 300만 원 정도는 있을 것이다.

나는 할머니와 할아버지에게 그 돈을 주식에 투자해도 되는지 여쭈어보겠다고 말했다. 우리는 다음 날 다시 만나기로 하고 헤어졌다.

할머니, 할아버지가 만들어 주신 통장은 보통 예금 통장이어서 사실 돈을 불리기는 어려웠다. 골트슈테른 아저씨는 항상 이자율이 낮은 보통 예금 통장을 '돈 먹는 기계'라고 하셨다.

'돈의 마법사들' 모임이 끝나고 개를 산책시키는 일이 기다리고 있었다. 그래서 저녁을 먹은 후에야 할머니 댁에 갈 짬이 났다. 할머니가 맛있는 쿠키와 코코아를 주셨다. 아마 할머니가 만들어 준 코코아만큼 맛있는 코코아는 이 세상에 없을 것이다.

할머니와 할아버지는 부모님에게 전해 들어서 내가 그동안 한 일을 알고 계셨다. 그래서 곧바로 용건을 꺼낼 수 있었다. 나는 쿠키를 먹으며 투자 클럽에 대하여 말씀드렸다. 트럼프 할머니가 만들어 주신 서류철도 보여 드리면서 우리가 하고 있는 투자에 대하여 상세하게 설명했다.

나는 두 분이 내 설명을 듣고 지금이 주식을 살 좋은 기회라는 사실을 바로 인정하실 줄 알았다. 하지만 완전히 잘못된 판단이었다.

할아버지는 아주 심각한 표정을 지으셨다.

"키라야, 그건 너무 위험하구나. 그렇게 하다가 가진 돈을 다 잃게 될 거야."

나는 할아버지가 이해하실 수 있도록 그동안 배운 내용을 총동원해 설명했다.

주가가 내려간다고 해서 무조건 손해를 보는 것이 아니라 주식을 파는 경우에만 손해를 본다는 것, 주가는 결국 회복된다는 것, 주가는 오르락내리락하기 마련이지만 장기적으로 올라가는 추세를 보인다는 것 그리고 과거에도 여러 차례 위기가 있었지만 결국 주가가 상승

했다는 것을 모두 말씀드렸다.

하지만 아무리 설명해도 할아버지는 납득하지 못하셨다. 게다가 할머니까지 나서서 할아버지 편을 드셨다.

"키라야, 안전한 게 최고야. 우리가 사기에 넘어가 전 재산을 날린 사람을 얼마나 많이 보았는 줄 아니?"

"할머니, 펀드 투자는 사기가 아니에요! 펀드는 수백억 원을 관리하는걸요. 누가 감히 그 엄청난 돈에 손대겠어요? 더군다나 정부와 은행이 감독하는데요."

하지만 쇠귀에 경 읽기였다.

"주식은 위험해. 절대로 하면 안 돼!"

"정말 이해를 못 하시네요. 안 된다고 하기 전에 제대로 알아보셔야 하잖아요! 잘 알지도 못하면서 왜 무조건 위험하다고만 하세요?"

답답해서 나도 모르게 목소리가 커졌다.

할머니의 얼굴에 살짝 언짢은 기색이 서렸다.

"다 너 잘되라고 하는 말이야. 어른 말을 들으면 자다가도 떡이 생긴다고 했어."

할아버지도 한마디 보태셨다.

"자만하다가 큰코다치는 법이란다. 가진 것에 만족할 줄 알아야 해."

도저히 두 분을 설득할 수 없었다. 두 분이 만들어 주

신 통장에 있는 돈으로 주식 투자를 해도 되는지 여쭈어보지도 못했다. 이미 하고 있는 투자도 위험하다고 했으니 말을 꺼냈어도 어차피 허락하지 않으셨을 것이다. 게다가 두 분 말씀을 듣고 나니 나도 살짝 불안한 마음이 들었다. 어떻게 해야 할지 막막했다.

집에 돌아오자마자 골트슈테른 아저씨에게 전화를 걸었다. 다행히 아저씨가 통화할 시간이 있다고 하셨다. 나는 주가가 내려간 것과 할머니, 할아버지가 주식 투자에 반대하신다는 것을 얘기했다.

아저씨는 무척 재미있게 들으셨다.

"그분들을 이해해야 해. 다 너를 위해서 하시는 말씀이야. 네가 손해 보지 않기를 바라시는 거란다."

"하지만 무조건 반대하시는 건 옳지 않잖아요. 제 말을 제대로 들어 볼 생각도 하지 않으셨어요."

"아마 투자에 얽힌 나쁜 경험이 있으신 것 같구나. 그래서 너를 보호하시려는 거란다. 그리고 사실 감사한 일이야. 덕분에 잘못된 결정을 피하게 되었으니 말이다."

"잘못된 결정이요?"

"지금 1200만 원을 더 주식에 투자하는 것은 별로 좋은 생각이 아닌 것 같구나. 600만 원이면 충분해."

"왜요? 돈을 더 많이 투자하면 나중에 주가가 올랐을 때 더 많이 벌 수 있잖아요."

"물론 그렇긴 하지. 하지만 주가가 계속 떨어지면 어떨까? 너무 많이 투자했다가는 손해가 커지겠지. 게다가 더 좋은 기회에 추가로 투자하기 위해서라도 갖고 있는 돈을 한꺼번에 투자하지 않고 남겨 두는 것이 좋단다."

"그렇지만 주가가 정말 더 떨어질지 아니면 올라갈지 아무도 모르잖아요."

"그래, 그건 아무도 모르지. 금융 전문가들도 번번이 주가 변동을 예측하는 데 실패한단다. 결과가 종종 예상과 다르게 나타나거든. 그렇기 때문에 항상 여유 자금을 가지고 있는 것이 좋아. 거위로 삼으려고 모아 둔 돈을 전부 주식이나 펀드에 투자해서는 안 된다는 말이지."

"저는 펀드가 100퍼센트 안전하다고 생각했는데요."

나는 불안한 마음이 들어 중얼거렸다.

"펀드는 안전한 편이야. 무엇보다도 충분한 기간을 둔다면 매우 안전한 투자지. 주가가 잠시 바닥을 친다고 해도 결국은 회복될 테니까 말이다. 그래도 위험을 분산시키려면 네 돈의 일부는 아주 안전한 곳에 투자하는 것이 좋아."

"돈을 예금 통장에 넣어 두라는 말씀이세요?"

"그럴 리가 있겠니? 내가 예금 통장을 어떻게 생각하는지 너도 알잖니. 은행에는 여러 가지 예금 상품이 있단다. 통장에 넣어 둔 돈을 하루 단위로 투자해서 수익을 얻고 매일 이자를 지급하는 예금도 있지. 시장 상황에 따라 이자를 주는데 요즘은 금리가 3.5퍼센트야. 그 돈은 언제라도 입출금이 가능하다는 장점이 있지."

"금리가 3.5퍼센트요? 별로 끌리지 않는걸요. 그래서 언제 부자가 되겠어요?"

아저씨가 너털웃음을 터뜨리셨다.

"하하, 그걸로 부자가 되기는 확실히 힘들지. 실제로 돈이 거의 불어나지 않을 거란다. 인플레이션이 이자를 다 먹어 치울 테니까 말이다."

"인플레이션이 뭐예요?"

"돈의 가치가 떨어지는 걸 말한단다. 오늘은 한 개에 1000원인 빵이 몇 년 후에 2000원으로 오른다고 치자. 그때는 1000원으로 빵을 반 개밖에 살 수 없지. 돈의 가치가 절반으로 떨어지는 거야. 그런 걸 '인플레이션'이라고 한단다."

"인플레이션이 제 돈을 얼마나 먹어 치울지 어떻게 알아요?"

"현재는 인플레이션율이 3퍼센트 정도란다. 그게 정확하게 무슨 뜻인지 알고 싶다면 아주 간편한 공식을 알려 주마. 72의 법칙으로 원금이 두 배가 되는 데 걸리는 시간을 계산할 수 있다는 건 알고 있지? 그 공식을 인플레이션에도 적용할 수 있단다. 72를 인플레이션율로 나누면 돈의 가치가 절반으로 떨어지는 데 걸리는 기간을 알 수 있어. 지금 3퍼센트이니까 이십사 년 후에는 돈의 가치가 절반으로 떨어지겠구나."

"인플레이션율이 통장에 적용되는 금리랑 거의 똑같다는 말이네요."

"맞아. 그래서 내가 보통 예금 통장을 돈 먹는 기계라고 부르지. 인플레이션으로 사라지는 돈보다 이자가 오히려 적단다."

"매일 이자를 주는 통장도 별로 나을 게 없는데요."

"하지만 다른 방법이 없으면 그것이 그나마 낫지. 전 재산을 주식에 투자할 생각은 아닐 테니 말이다. 네가 아직 어려도 항상 여유 자금은 갖고 있어야 해. 그래야 위험을 분산시킬 수 있어."

나는 여전히 확신이 서지 않았다.

"금리가 3.5퍼센트보다 높은 예금은 없나요?"

"당연히 있지. 하지만 그런 예금은 오랫동안 돈을 찾을 수 없단다. 좋은 기회가 와서 추가로 투자를 하고 싶어도 마음대로 돈을 쓸 수 없다는 단점이 있어."

"그럼 매일 이자를 받는 예금 통장에 제 돈의 몇 퍼센트를 저금하는 게 좋을까요?"

"그건 상황에 따라 다르단다. 네 나이에는 20퍼센트 정도가 좋겠구나."

아직 몸이 완전히 낫지 않으셨는지 아저씨의 목소리

에 지친 기색이 역력했다. 그래서 나는 아저씨에게 얼른 감사 인사를 하고 전화를 끊었다.

마음 같아서는 매일 이자가 붙는 통장에 정확히 얼마를 예금하고 주식은 얼마나 사면 좋을지 묻고 싶었다. 하지만 아저씨가 구체적인 조언을 하지 않으실 것을 잘 알고 있었다. 아저씨는 늘 원칙만 설명하셨다. 원칙을 실행에 옮기는 것은 내가 감당해야 할 일이었다. 아저씨는 내가 아저씨에게 의존하지 않고 스스로 결정하기를 바라셨다.

나는 차분하게 따져 보았다. 현재 거위 통장에는 150만 원이 있다. 내일 개 산책 아르바이트비를 받는다. 얼마나 받을지 계산해 보니 30만 원이었다. 그리고 개를 훈련시킨 대가로 10만 원을 더 받을 예정이다.

내일 받을 돈과 통장에 있는 돈을 다 합치니 190만 원이었다. '돈의 마법사들' 모임에서 각자 150만 원만 추가로 투자하자고 제안하기로 결심했다. 내 몫을 내고 남는 40만 원은 매일 이자가 붙는 통장에 예금할 작정이다. 은행에 가서 하이넨 아주머니를 볼 생각을 하니 벌써 기분이 좋았다.

문제를 잘 해결해서 뿌듯했다. 만족스러운 한숨을 내쉬며 침대에 누웠다. 오늘도 아주 흥미로운 날이었다. 머니에게 돈을 관리하는 법을 배운 다음부터 하루도 지루한 날이 없었다. 매일매일이 그야말로 신나는 모험의 연속이었다.

머니는 여느 때와 마찬가지로 내 옆에 누워 있었다. 나는 머니를 쓰다듬으며 생각했다. 정말 많은 것이 달라졌다. 나는 더 이상 일 년 전의 내가 아니었다. 관심을 갖는 일도 많아졌고 골트슈테른 아저씨, 마르셀 오빠, 하넨캄프 할머니와 할아버지 그리고 트룸프 할머니까지 많은 사람들과 친해졌다.

생각할수록 머니에게 고마웠다. 나는 몸을 일으켜 머니의 머리에 입을 맞추었다. 머니가 재빨리 혀를 내밀어

내 얼굴을 핥았다. 머니는 정말 못 말리는 장난꾸러기라고 생각하며 행복하게 잠들었다.

## 10. 계속 이어지는 모험

어느새 몇 달이 지났다.

나는 그동안의 경험을 기록하기 시작했다. 어쩐지 그렇게 해야 할 것 같았다. 내가 겪은 일을 하나도 잊고 싶지 않았다. 매일 두 페이지씩 썼다. 성공 일기에 짤막하게 적어 놓은 내용 덕분에 전혀 어렵지 않았다. 내 경험을 써 내려가는 일은 아주 재미있었다.

하루하루가 눈 깜짝할 사이에 지나갔고 나는 끊임없이 새로운 모험을 했다.

부모님의 경제 사정도 매우 좋아졌다. 아빠는 골트슈테른 아저씨가 조언해 주신 대로 직원을 두 명 고용하셨다. 처음에는 그럴 형편이 안된다며 망설이셨다. 하지만 그사이 아저씨를 무척 신뢰하게 되었기 때문에 결국 조언대로 하셨다.

그러자 많은 것이 달라졌다. 이제 아빠는 관심 있는 일에 집중하셨다. 그리고 그 일을 정말 잘 해내셨다. 예전에 아빠는 자신이 사업가로 성공할 수 있는지 의문을 품었지만 이제 좋아하지도 않고 잘하지도 못하는 일은 다른 사람에게 맡길 줄 알아야 한다는 사실을 깨달으셨다.

무엇보다도 아빠가 항상 기분이 좋으신 것 같아서 나도 행복했다. 돈 걱정에서 벗어나면 사람이 얼마나 달라지는지 두 눈으로 직접 보면서도 믿기 힘들었다. 심지어 아빠는 아침마다 휘파람도 부셨다. 하지만 아빠만큼 휘파람을 못 부는 사람도 없을 것이다. 제발 휘파람은 불지 않으면 좋겠다. 얼마 전 차를 새로 산 다음부터 아빠는 조금이라도 빨리 출근하고 싶은지 전보다 한 시간이나 일찍 일어나셨다.

나도 일거리가 엄청 늘었다. 산책시키고 빗질해 주고 훈련시키는 개가 아주 많아졌다.

당연히 혼자서는 전부 할 수 없었다. 다행히 마르셀 오빠가 다른 아이들에게 일을 맡기면 된다고 알려 주었기 때문에 모니카에게 종종 일을 부탁했다. 덕분에 모니카도 돈을 많이 벌었다. 그런데 골치 아픈 문제가 생겼다. 일이 너무 많다 보니 누구에게 언제 얼마를 받아야 하는지 정확하게 기억하기 힘들었다.

하지만 이제는 문제가 있다는 것이 얼마나 중요한지 알았다. 문제가 생기면 해결 방법을 찾느라 고심하면서 많은 것을 배울 수 있기 때문이다.

드디어 소원이었던 노트북을 장만했다. 이제 훨씬 빠르고 깔끔하게 숙제를 끝낼 수 있었다. 성적도 눈에 띄게 올랐다.

최근에는 장부를 정리하는 법을 배웠다. 하넨캄프 할머니가 많이 도와주셨다. 컴퓨터로 장부를 정리하는 것이 할머니의 취미였다. 할머니가 장부를 정리하는 것을 옆에서 직접 보면서 배우니 정말 재미있었다.

장부 정리가 능숙해지자 점점 더 돈을 많이 벌었다. 나는 번 돈을 계속 똑같은 방식으로 나누어서 관리했다. 50퍼센트는 거위 통장, 40퍼센트는 소원 저금통, 10퍼센트는 용돈으로 쓴다는 원칙을 철저하게 지켰다.

머니가 적어 보라고 해서 작성했던 소원 목록은 대부분 벌써 이루어졌다. 다만 교환 학생 프로그램은 아직 신청하지 않았다. 그곳에서 내 인생을 송두리째 바꿀 아주 특별한 경험을 할 것 같은 예감이 들었기 때문에 나중으로 미루었다.

'돈의 마법사들' 모임은 엄청난 성공을 거두었다. 우리가 투자한 첫 번째 펀드는 투자한 지 일곱 달 후에 주가가 더 떨어졌다. 물론 팔지 않았기 때문에 손해를 보지는 않았다. 그러다가 다시 주가가 올랐다. 그때 펀드를 팔았더라면 돈을 꽤 벌었을 것이다. 하지만 우리는 팔지 않았다. 거위가 점점 더 커지기를 원했기 때문이다.

한번은 마르셀 오빠가 펀드를 팔자고 했다. 오빠의 표현에 따르면 '투자로 생긴 이익을 현금화'할 때라는 것이다. 트룸프 할머니는 그 돈을 어디에 투자할 생각인지 물으셨다. 우리는 의논 끝에 다시 투자하더라도 원래 골랐던 펀드에 투자할 것이라는 결론을 내렸다. 마르셀 오빠는 결국 펀드를 팔아도 아무런 의미가 없다는 사실을 인정했다.

이제 우리가 투자한 펀드는 네 개나 된다. '돈의 마법사들' 모임은 매번 아주 즐거웠다. 모임을 할 때마다 트룸프 할머니에게 정말 많이 배웠다. 어느덧 모니카도 주식과 펀드 그리고 투자에 대해서 잘 알게 되었다. 그러다 보니 우리 셋 다 자연스럽게 부모님에게 투자에 관해 조언하기 시작했다. 부모님들은 우리의 투자 계획을 따라서 투자하셨다. 처음에는 몰래 하시더니 얼마 지나지 않아 아예 대놓고 의논하셨다.

골트슈테른 아저씨는 그사이 건강을 완전히 회복해서 전처럼 사업에 전념하셨다. 머니는 아저씨에게 돌아가지 않고 우리 집에 머물렀다. 그 대신 나는 매주 토요일에 머니를 데리고 아저씨를 만났다. 우리가 함께 산책하고 돌아오면 아주 맛있는 케이크와 코코아가 준비되어 있었다. 케이크를 먹으면서 우리는 즐겁게 대화를 나누었다. 아저씨는 정말 투자의 천재였다. 아저씨를 만날 때마다 나는 새로운 지식을 많이 얻었다. 무엇보다 아저씨를 통해 돈에 관심을 갖는 것이 아주 당연하고 정상적이라는 사실을 알게 되었다.

골트슈테른 아저씨는 한 달에 한 번 고객을 위하여 투

자를 주제로 강연하셨다. 부모님도 그 강연에 꾸준히 참석하셨다.

아저씨를 만나러 간 어느 토요일이었다. 아저씨가 자신이 강연하는 동안 고객의 아이들에게 돈에 관해 설명해 줄 수 있냐고 물으셨다. 나는 선뜻 그러겠다고 대답했다.

처음에 내 얘기를 들으러 온 아이들은 고작 일곱 명이었다. 하지만 소문이 나면서 아이들이 점점 늘어 지금은 스무 명에서 서른 명 정도 내 이야기를 들으러 온다. 그리고 나는 그 대가로 매번 7만 원을 받는다.

며칠 전에는 아저씨가 새로운 제안을 하셨다. 나와 함께 아이들이 투자할 수 있도록 돕는 회사를 만들고 싶다는 것이었다. 내가 트룸프 할머니가 만들어 주신 서류철을 아저씨에게 보여 드린 적이 있었는데, 그때 아이디어가 떠올랐다고 하셨다. 나는 아저씨의 제안이 아주 근사하다고 생각했다. 내가 투자 천재인 아저씨와 함께 사업

을 하다니, 누가 상상할 수 있을까!

 나는 아저씨에게 왜 나랑 사업을 같이하고 싶은지 여쭈어보았다. 아저씨의 대답은 정말 내 성공 일기에 딱 어울리는 내용이었다.

 "네 지식과 경험이 그 사업에 반드시 필요하기 때문이란다. 너와 함께하면 틀림없이 성공할 거야. 그런 확신이 없었다면 제안하지 않았겠지. 네가 함께 있으면 나 혼자 하는 것보다 아이들이 훨씬 더 많이 올 거야."

 그동안 자신감이 매우 커졌기 때문인지 나는 아저씨 말에 순순히 수긍했다.

 조만간 새로운 모험을 할 거라는 생각에 마음이 무척 설렜다.

 나는 아저씨의 제안과 관련된 내용을 노트북에 모두 기록했다. 글을 마치고 나서 쭉 훑어보았더니 제법 잘 쓴 것 같아 만족스러웠다.

 그러다가 머니를 바라보았다. 우리는 꽤 오래전부터

더 이상 대화하지 않았다. 머니에게 이유를 묻고 싶었지만 겁났다. 왜 그런지 모르겠지만 무언가 돌이킬 수 없는 일이 일어날 것 같은 예감이 들었다.

하지만 더 이상 미루지 않기로 했다. 두려워도 피하지 않고 맞서는 법을 배웠기 때문이다. 그래서 머니를 데리고 숲으로 갔다. 은신처로 향할 때면 늘 기분이 좋았는데 이번에는 그렇지 않았다. 설명하기 어려운 감정이 북받쳐 올라 목이 메었다.

마침내 은신처 입구에 도착했다. 그동안 너무 오래 찾지 않아서 우리가 드나들던 샛길 사이에 덤불이 무성하게 자라 있었다. 겨우 덤불을 헤치고 들어가니 예전처럼 아늑한 기분이 들지 않았다. 모든 것이 달라진 것 같았다.

어쩐지 슬퍼서 한참 동안 머니를 바라보았다. 머니가 말을 하면 좋겠다는 생각이 들었다. 머니의 목소리를 들은 지 너무 오래되어서 머니와 말을 주고받았던 것이 실제로 일어난 일이 아니라 내가 상상한 일인지 모른다고 의심될 정도였다. 물론 그럴 리 없었다.

나는 머니에게 제발 말할 수 있다는 것을 보여 달라고 사정했다. 그 순간 머니의 표정이 달라졌다. 머니의 목소리를 처음 들었던 때로 돌아간 것 같았다.

"키라야, 내가 말할 수 있는지는 전혀 중요하지 않아."

나는 속으로 환호성을 질렀다. 머니 목소리가 틀림없었다. 머니가 침착하게 말을 계속했다.

"네가 내 말을 듣고 이해할 수 있다는 게 훨씬 중요해. 네가 요즘 쓰고 있는 책과 마찬가지야. 그걸 읽는 아이 중에는 네가 하고 싶은 말에 귀를 기울이지 않는 아이도 있을 거야. 그런 아이는 아무것도 달라지지 않겠지. 반면에 네 조언을 받아들이는 아이는 앞으로 돈을 현명하게 관리할 거야. 그리고 더 행복하고 부유한 삶을 누리겠지."

그 말이 끝나자 더 이상 목소리가 들리지 않았다. 내

가 실제로 머니의 목소리를 들었는지 아니면 꿈을 꾸었는지 알 수 없었다. 정말 혼란스러웠다.

하지만 문득 꿈이 아니라는 것을 알았다. 어떻게 알았는지 설명할 수 없었다. 사실 굳이 그럴 필요도 없다. 다만 그 순간 앞으로 더 이상 머니의 목소리를 들을 수 없을 거라는 확신이 들었다.

온몸이 차갑게 식는 기분이었다. 너무 슬퍼서 숨이 막혔다. 나는 몸을 숙여 머니를 껴안은 채 한참 그대로 있었다. 그렇게 하면 머니랑 다시 말할 수 있을 것처럼 온 힘을 다해 머니를 꼭 껴안았다.

골트슈테른 아저씨가 했던 말이 생각났다.

"무언가를 잃었다고 슬퍼하지 말고 그걸 가지고 있었던 시간에 감사하렴."

이제부터 머니의 조언 없이 혼자서 해결해야 한다. 하지만 좋은 점도 있다. 머니가 더 이상 말할 수 없으니 위험해질 일도 없다. 머니를 연구하려는 사람도 없을 테고

사람들은 내 얘기를 그저 어린아이의 공상으로 치부할 것이다.

눈물이 났다. 머니가 내 얼굴을 핥았다. 이번에는 머니를 그냥 내버려두었다. 한참 울고 나니 좀 후련해졌다. 마음이 가라앉자 생각이 정리되는 기분이었다.

그동안 머니에게 배운 것을 모두 떠올려 보았다. 머니의 가르침은 머릿속에 항상 남아 있을 것이다. 나는 언젠가 돈을 아주 많이 벌게 될 것이라는 사실을 더 이상 의심하지 않았다. 그리고 내내 행복하게 살 것이다.

드디어 그동안 겪은 일을 얘기할 수 있게 되었다. 나와 머니의 이야기를 아무도 믿지 않을 것이다. 그래도 상관없다.

머니에게 한없이 고마웠다. 나는 마음속에 가득 차오르는 행복을 느끼며 아주 오랫동안 은신처에 조용히 앉아 있었다. 그것이 은신처에서 머니와 함께 보낸 마지막 날이었다.

은신처를 떠나기 직전에 책을 어떻게 마무리하면 좋을지 떠올랐다. 나는 집으로 돌아와 책을 끝내면서 이렇게 적었다.

이 책에서 내가 말하고 싶은 것을
귀담아듣는 친구들이 많으면 좋겠어요.
그러면 나와 내 친구 머니는 무척 기쁠 거예요.

**보도 섀퍼** 지음
독일 출신의 세계적인 동기 부여 전문가이자 경영 컨설턴트이다. 대학 졸업 후 꽤 높은 연봉을 받으며 일했지만 '돈은 나쁜 것이다', '돈은 사람을 망친다' 등 어렸을 때부터 배운 돈에 대한 부정적인 생각으로 26세에 감당할 수 없는 빚을 지고 파산했다. 이때 부의 원칙을 가르쳐 준 멘토를 만나게 되고 돈이 불어나는 원리를 깨우쳐 4년 후 30세에 가진 돈의 이자만으로 평생 생활할 수 있는 경제적 자유를 이뤘다. 이후 사람들에게 "누구나 부를 쌓고 부자가 될 수 있다"는 메시지를 전하며 자신이 직접 깨닫고 경험한 부의 축적 원리를 정리해 강연과 집필 활동을 활발히 펼쳤다. 그의 강연과 세미나는 유럽 전역에서 화제를 불러 모으며 경제적 자유에 대한 돌풍을 일으켰다. 저서로는 『보도 섀퍼의 돈』, 『보도 섀퍼의 이기는 습관』, 『멘탈의 연금술』, 『보도 섀퍼 부의 레버리지』 등이 있다.

**하루치** 그림
일러스트레이터이자 애니메이션 감독, 그림책 작가, 텍스타일 디자이너이다. 글과 그림으로 수다를 대신하며 하루하루를 이어 간다. 플라스틱 쓰레기를 줄이는 데 조금이나마 도움이 되고자 만든 그림책 『어뜨 이야기』로 앤서니 브라운 그림책 공모전에서 수상했다. 환경 에세이 『지구를 위해 모두가 채식할 수는 없지만』, 그림책 『어뜨 이야기』 등을 쓰고 그렸으며 『녹우천 요괴 야시장』, 『범수 가라사대』, 『모두가 원하는 아이』, 『이상한 숲속에 나 홀로』, 『누리호의 도전』, 『열세 살 외과 의사 도우리』 등을 그렸다.

**고영아** 옮김
연세대학교에서 사회학을 공부했다. 독일 프랑크푸르트대학교에서 공부했으며, 독일 괴테문화원에서 최고 수준의 독일어 실력을 증명하는 GDS를 취득했다. 옮긴 책으로는 『수학 귀신』, 『펠릭스는 돈을 사랑해』, 『말해야 하는 비밀』, 『그레타 툰베리의 금요일』, 『고양이라서 행복해』, 『절대 열어 보지 마! 드라고』, 『난 곰인 채로 있고 싶은데…』, 『청소년을 위한 1010 텐텐 경제학』, 『학교가 두려운 아이 즐거운 아이』 등이 있다.